Ignacio Larrañaga

RENCONTRE

Suggestions pour la prière

Éditions Paulines & Médiaspaul

Titre original : *Encuentro,* paru aux Ediciones Cefepal, Santiago, Chili. Traduit de l'espagnol par Adèle Bolduc.

Composition et mise en page : *Éditions Paulines*

Maquette de la couverture : *Larry Mantovani*

ISBN 2-89039-581-2

Dépôt légal — 1er trimestre 1993
Bibliothèque nationale du Québec
Bibliothèque nationale du Canada

© 1993   Éditions Paulines
3965, boul. Henri-Bourassa Est
Montréal, QC, H1H 1L1

Médiaspaul
8, rue Madame
75006 Paris

AVERTISSEMENT

(à la 7e édition espagnole)

Au cours de nombreuses années j'ai utilisé pour les Rencontres *d'expérience de Dieu le petit livre* Hymnes et prières. *Il s'agissait de textes glanés ici et là, auxquels j'en avais ajouté quelques-uns de mon propre cru appropriés à l'ambiance des* Rencontres.

Pour ce livre-ci, j'ai élaboré une série de poèmes et de psaumes adaptés à divers états d'âme, à différentes situations de la vie et à certains autres thèmes.

Cependant, dans ce nouveau livre, j'ai laissé tomber plusieurs éléments de l'édition antérieure, de telle sorte que j'ai éliminé une bonne partie de son contenu. Puisqu'on ne connaît pas le nom de l'auteur de certaines rédactions, j'ai préféré retirer tous les noms.

J'ai inclu bon nombre de références bibliques, des moyens de prier, divers exercices et orientations pratiques, le tout résumé et simplifié au maximum. J'ai cherché à mettre entre les mains du lecteur quelques moyens simples et efficaces —à la façon d'un manuel — pour progresser dans l'art de prier.

Les prières que j'ai composées sont les suivantes : 1, 10, 13, 15, 17, 19, 20, 21, 22, 23, 24, 25, 26, 28, 36, 37, 41, 43, 47, 48, 51, 53, 55, 58, 60. Les autres sont d'auteurs divers, et certaines d'entre elles ont été modifiées.

Cette édition est définitive et ne connaîtra pas d'autre modification.

Ignacio Larrañaga

Le P. Ignacio Larrañaga, dont les précieux conseils, dans les ouvrages précédents, nous guidaient sur la voie de la vie fraternelle et sur les traces de Marie, reste ici un conseiller pédagogique de la vie de prière. Un choix de soixante-dix prières aidera la personne désireuse de trouver un support à sa propre démarche de contact avec Dieu. La variété des thèmes et des formes de ces prières conviendra à la variété des utilisateurs. Une seconde partie constitue un guide pratique, présentant les moyens concrets à prendre pour se mettre en état de prière, car en général Dieu ne peut «nous parler» dans la prière que si nous nous trouvons en de bonnes dispositions.

Dans tous les textes, le JE qui s'exprime reçoit — par convention — le genre masculin-neutre, pour éviter la lourdeur des deux formes masculines et féminines. Il sera aisé aux femmes priant avec ces textes, de les redire au féminin, avec leur sensibilité propre.

PRIÈRES

I. LE SEIGNEUR

1. Centre de gravité

Pour te chanter, Seigneur Jésus, j'aimerais avoir des yeux d'aigle, un cœur d'enfant et une langue de poète. Pour communier à ta présence, j'aimerais avoir un être buriné par le silence.

Touche mon cœur, Seigneur Jésus Christ; touche-le et tu verras s'éveiller les rêves enfouis dans les souches humaines depuis les débuts du monde.

Toutes nos voix s'attroupent à ta porte.
À leur insu, les désirs les plus cachés
te réclament et t'invoquent.
Nos désirs les plus profonds te cherchent avec impatience.

Par ta force créatrice, tu es présent en tout être.

Les eaux sonores et les cimes
ont autrefois recueilli tes pas.
Les forêts séculaires sont animées
par ton souffle.

Le myrte et le genêt sont un reflet
de ton sourire.
L'univers minéral témoigne de ta force
et de ta stabilité.

Tu es le pouls du monde, Seigneur Jésus
Christ. Promis de toute éternité, tu es au cœur
de la création, maintenant et à jamais.

Sur ton front resplendit le destin du monde
et en ton cœur se concentre le feu des siècles.

Mon cœur est ébloui par tant de merveilles,
et je m'incline pour te dire : tu seras le maître
incontesté de mon territoire.

Pour toi le feu de mon sang.
Tu seras mon chemin et ma lumière,
la cause de ma joie,
la raison de mon existence et le sens à ma vie,
ma boussole et mon horizon,
mon idéal, ma plénitude
et ma consommation.
En dehors de toi, rien ne compte plus
pour moi.

À toi mon dernier chant.
Gloire et honneur à toi à jamais,
roi des siècles !

2. Père

Comment te nommerai-je, toi qui n'as pas de nom?

Celui qui est sorti de l'abîme de ta solitude, ton envoyé Jésus, nous a dit qui tu étais et que tu te nommais *Père*. Quelle bonne nouvelle!

Alors qu'au sein de ton éternité tu étais vie et feu en expansion, je vivais dans ta pensée, tu me chérissais comme un rêve d'or et mon nom était gravé sur la paume de ta main droite. Je ne le méritais pas, mais déjà tu m'aimais sans «pourquoi», tu m'aimais comme on aime un enfant unique.

Depuis la nuit de ma solitude
je lève les bras pour te dire: ô Amour,
Père saint,
océan inépuisable de tendresse,
couvre-moi de ta présence,
car j'ai froid et parfois tout me fait peur.
On dit que là où est l'amour,
il n'y a pas de peur;
alors pourquoi ces noirs coursiers m'entraî-
nent-ils vers des mondes inconnus d'anxiété,
de peur et d'appréhension?
Père bien-aimé, aie pitié

et fais-moi la grâce de la paix,
la paix de la tombée du jour.

Je sais que tu es présence aimante
infiniment rassurante.
Tu es pardon et compréhension,
sécurité et certitude, jubilation et liberté.

Je sors dans la rue et tu m'accompagnes;
je m'absorbe dans le travail
et tu restes à mes côtés;
à l'agonie et au-delà, tu me dis :
je suis là, je viens avec toi.

Même si je tente d'échapper
à ton cercle d'amour,
même si je gravis les montagnes,
même si je pouvais voler
avec des ailes de lumière,
cela ne sert à rien...
tu me cherches inéluctablement,
tu m'entoures, tu m'inondes
et me transfigures.

On me dit que ton fils Jésus a parcouru mondes et siècles derrière mon ombre fuyante, et que, lorsqu'il m'a trouvé, le ciel a débordé de chansons.
Par cette si bonne nouvelle, tu as fait de moi un enfant prodigieusement libre.
Merci.

Et maintenant fais tomber
mes vieilles forteresses,
les hautes murailles de mon égoïsme,
jusqu'à ce que ne subsiste en moi
pas même une poussière de moi-même,
et qu'ainsi je sois transparence
pour mes frères et sœurs.

Ainsi, en passant parmi les mondes désolés,
je serai moi aussi tendresse et accueil,
j'éclairerai la nuit des pèlerins,
je dirai aux orphelins : «Je suis ta mère»,
j'offrirai de l'ombre aux exténués,
une patrie aux fugitifs,
et ceux qui n'ont pas de foyer
s'abriteront sous mon toit.

Tu es mon foyer et ma patrie.
En ce foyer je veux me reposer
au terme du combat.
Tu veilleras définitivement sur mon sommeil,
Père éternellement aimant et aimé.
Amen.

3. Clarté

Seigneur, il nous est à nouveau donné
de vivre en profonde intimité avec toi.
Chacun de nous sent sa vie merveilleusement

envahie par ta vie.
Nous vivons maintenant
l'aventure de ta vie en notre vie,
ta force en notre faiblesse,
ta vigueur en notre impuissance.
Ta lumière a pénétré les sentiers de mon être.
Tu es la lumière sur mon chemin.
Par ta lumière seulement, Seigneur,
pourrai-je construire bellement ma vie.
Je sais que tu vis dans la lumière,
et que tu nous as communiqué
un peu de cette lumière.

Malheureusement, autour de nous
tout est ténèbres.
Seigneur, les gens semblent satisfaits
de marcher dans les ténèbres.
Ils semblent prendre plaisir à marcher
à l'aveuglette,
un bandeau sur les yeux.
Ils ne veulent pas voir.
Et c'est là aussi mon péché:
souvent je ne veux pas voir, moi non plus.

J'ai peur, en examinant ma vie,
de me voir obligé de changer.
Je t'en supplie, Seigneur, ouvre mes yeux.
En cet instant de sincérité,
Seigneur, je suis sûr que je veux voir.
Laisse pénétrer ta lumière en mes ténèbres.

Lumière. Clarté. Resplendissement.
Aveuglante lumière.
Opalescente clarté. Scintillement irradiant.
Je veux voir, Seigneur, je veux voir. Amen.

4. Tu es venu comme un ami

Tu es venu à moi, humble et discret,
pour m'offrir ton amitié.

Tu m'as élevé à ton niveau,
t'abaissant au mien,
et tu veux qu'entre nous règne
une relation familière,
pleine d'abandon.

Tu demeures en moi de façon mystérieuse,
comme un ami toujours présent,
te donnant à moi toujours,
et comblant toutes mes aspirations.

Par ce don de toi que tu nous fais,
nous possédons toute la création,
puisque tout l'univers t'appartient.
Pour que notre amitié soit parfaite,
tu m'associes à tes souffrances et à tes joies,
tu me fais partager tes espérances,
tes projets, ta vie.

Tu m'invites à collaborer
à ton œuvre rédemptrice,
à travailler avec toi de toutes mes forces.

Tu veux que notre amitié
soit féconde et productive,
pour moi-même et pour les autres.

Dieu, ami des hommes et des femmes,
créateur, ami de la créature,
saint, ami du pécheur.

Tu es l'ami idéal,
qui jamais ne faillit à sa fidélité
et jamais ne se refuse à l'autre.

À l'offrande d'une si merveilleuse amitié,
j'aimerais correspondre
comme tu l'espères et le mérites,
me comportant toujours comme ton ami.
Amen.

5. Je t'ai donné si peu

Je t'ai donné si peu, Seigneur Jésus,
mais tu en as fait quelque chose de si grand !
Je suis si peu de chose devant toi,
et tu me rends si riche !

Je n'ai pas réussi à te donner
tout ce que j'aurais voulu,
et je ne suis pas parvenu à t'aimer à la mesure
de mes désirs et de mes rêves.

Je t'ai si peu donné, vraiment, si peu,
et avec si peu d'enthousiasme et de joie.

Cependant, tu sais qu'en ce «peu»
j'ai voulu mettre tout mon cœur.

Tu vois le fond de mon être,
avec mon désir de te donner beaucoup plus.

Comme tu transformes ma pauvreté
en richesse,
et mon vide en plénitude,
prends mon don tel qu'il est,
prends aussi tout ce qui ne l'est pas
afin qu'en moi il y ait livraison totale,
avec ma propre misère,
et que je sois de nouveau recréé
par le pouvoir souverain de ton amour. Amen.

6. Nous avons besoin de toi

Nous avons besoin de toi, de toi seul, et de
personne d'autre. Toi qui nous aimes, toi seul
peux ressentir pour nous tous qui souffrons,
la compassion que chacun ressent envers lui-

même. Toi seul peux mesurer l'incommen-
surable besoin que ce monde a de toi, à cette
heure.

Tous ont besoin de toi, même ceux qui ne le
savent pas, leur besoin est encore plus grand.

L'affamé croit qu'il doit chercher du pain
alors qu'il a faim de toi. L'assoiffé s'imagine
avoir besoin d'eau alors qu'il a soif de toi. Le
malade se fait illusion en désirant la santé,
puisque son vrai mal est l'absence de toi.
Quiconque cherche la beauté du monde sans
s'en rendre compte te cherche, toi, la beauté en
plénitude. Celui qui cherche en pensée la vérité, te désire sans le savoir, unique vérité digne
de connaissance. Celui qui s'efforce d'acquérir
la paix te cherche, paix unique où les cœurs
inquiets trouvent le repos.

Ils t'appellent sans savoir qu'ils t'appellent,
et leur cri est mystérieusement plus douloureux que le nôtre. Nous avons besoin de toi.
Viens, Seigneur.

7.   Je cherche ton visage, Seigneur

Homme insignifiant, laisse pour le moment
tes préoccupations habituelles; entre un ins-

tant au-dedans de toi, laisse de côté le tumulte de tes pensées confuses et les préoccupations inquiétantes qui t'oppriment. Repose-toi un moment en Dieu.

Entre au plus profond de ton âme; éloigne de toi tout ce qui n'est pas Dieu, garde ce qui peut t'aider à le rencontrer. Ferme la porte de ta chambre, et cherche-le en silence. Dis au Seigneur, de toutes tes forces: «Je cherche ton visage, Seigneur.»

Et maintenant, Seigneur mon Dieu, enseigne-moi comment et où je dois te chercher, comment et où je te rejoindrai.

Si tu n'es pas en moi, Seigneur, si tu es absent, où pourrai-je te rencontrer? Si tu es partout, pourquoi ne te rends-tu pas présent ici? Bien sûr, tu habites une lumière inaccessible, mais où est cette lumière inaccessible? Comment puis-je m'en approcher? Qui me guidera et me conduira à cette lumière pour qu'en elle je te contemple? À quels signes pourrai-je te reconnaître? Je ne t'ai jamais vu, Seigneur mon Dieu, je ne connais pas ton visage.

Dieu très-haut, que puis-je faire loin de toi? Que fera ce serviteur assoiffé de ton amour qui erre loin de toi? Il veut te voir, et ton visage est très loin. Il veut s'unir à toi, et ta demeure est inaccessible. Il brûle du désir de te rencontrer, mais il ignore où tu habites. Il ne soupire que pour toi, et il n'a jamais vu ton visage.

Seigneur, tu es mon Dieu, tu es mon Seigneur, mais je ne te connais pas. Tu m'as créé et tu m'as racheté. Tu m'as demandé tout ce que j'ai, mais je ne te connais pas encore. J'ai été créé pour te voir, et cependant je ne peux atteindre le but pour lequel j'ai été créé.

Et toi, Seigneur, tu ne nous oublies pas. Mais jusqu'à quand cacheras-tu ton visage? Quand regarderas-tu vers nous? Quand nous écouteras-tu? Quand illumineras-tu nos yeux et nous montreras-tu ton visage? Quand répondras-tu à nos désirs?

Seigneur, écoute-nous, illumine-nous, révèle-toi à nous. Réponds à ces désirs et nous serons heureux.

Sans toi, tout est ennuyeux et triste. Compatis à nos travaux et aux efforts que nous faisons pour te rejoindre, puisque sans toi nous ne pouvons rien.

Enseigne-moi à te chercher, montre-moi ton visage, parce que, si tu ne me le montres pas, je ne pourrai pas te rencontrer. Je ne pourrai pas te rencontrer si tu ne te rends pas présent. Je te cherche en te désirant, je te désire en te cherchant. T'aimant je te rencontrerai. Te rencontrant, je t'aimerai. Amen.

8. Élévation

Mon Dieu, Trinité que j'adore, aide-moi à m'oublier entièrement pour m'établir en toi, immobile et paisible, comme si déjà mon âme était dans l'éternité! Que rien ne puisse troubler ma paix ni me faire sortir de toi, ô mon Immuable, mais que chaque minute m'emporte plus loin dans la profondeur de ton mystère!

Pacifie mon âme, fais-en ton ciel, ta demeure aimée et le lieu de ton repos; que je ne t'y laisse jamais seul, mais que je sois là tout entière, tout éveillée en ma foi, tout adorante, toute livrée à ton action créatrice.

Ô mon Christ aimé, crucifié par amour, je voudrais te couvrir de gloire, je voudrais t'aimer jusqu'à en mourir! Mais je sens mon impuissance et je te demande de me revêtir de toi-même, d'identifier mon âme à tous les mouvements de ton âme, de me submerger, de m'envahir, de te substituer à moi, afin que ma vie ne soit qu'un rayonnement de ta vie. Viens en moi comme adorateur, comme réparateur et comme sauveur.

Ô Verbe éternel, Parole de mon Dieu, je veux passer ma vie à t'écouter, je veux me faire toute docile afin d'apprendre tout de toi; puis, à travers toutes les nuits, tous les vides, toutes les impuissances, je veux te fixer toujours et demeurer sous ta grande lumière. Ô mon astre aimé, fascine-moi pour que je ne puisse plus sortir de ton rayonnement.

Ô feu consumant, Esprit d'amour, viens en moi afin qu'il se fasse en mon âme comme une incarnation du Verbe; que je lui sois une humanité de surcroît, en laquelle il renouvelle tout son mystère.

Et toi, Père, penche-toi vers ta pauvre petite créature, couvre-la de ta présence, ne contemple en elle que ton Fils bien-aimé en qui tu as mis toute ta complaisance.

Ô mes «Trois», mon Tout, ma béatitude, solitude infinie, immensité où je me perds, je me livre à vous comme une proie; ensevelissez-vous en moi, pour que je m'ensevelisse en vous, en attendant d'aller contempler en votre lumière l'abîme de vos grandeurs. Amen.

9. Invocation à l'Esprit Saint

Viens, Esprit Saint, en nos cœurs
et envoie du haut du ciel
un rayon de ta lumière.

Viens en nous, Père des pauvres,
viens, dispensateur des dons,
viens, lumière de nos cœurs.

Souverain consolateur,
hôte très doux de nos âmes,
adoucissante fraîcheur.

Dans le labeur, le repos;
dans la fièvre, la fraîcheur;
dans les pleurs, le réconfort.

Ô lumière bienheureuse,
viens remplir jusqu'à l'intime
le cœur de tous les fidèles.

Sans ta puissance divine,
il n'est rien en aucun homme,
rien qui ne soit perverti.

Lave ce qui est souillé,
baigne ce qui est aride,
guéris ce qui est blessé.

Assouplis ce qui est raide,
réchauffe ce qui est froid,
redresse ce qui est faussé.

À tous ceux qui ont la foi
et qui en toi se confient
donne tes sept dons sacrés.

Donne mérite et vertu,
donne le salut final,
donne la joie éternelle. Amen.

II. FOI, ESPÉRANCE

10. Consolation dans l'angoisse

Seigneur, je n'en peux plus.
Je sors d'une longue nuit;
je me dégage des eaux profondes.
Prends pitié.
La solitude, telle une haute muraille,
m'enserre de partout.
Je lève les yeux et je ne vois rien.

Mes frères m'ont tourné le dos et sont partis.
    Tous sont partis.
La solitude est ma compagne;
    ma nourriture, l'angoisse.
Il ne reste plus de roses. Tout est noir.
    Où es-tu, mon Père?
Je suis prisonnier d'une cruelle agonie,
frigorifié au plus profond de mon être.

Donne-moi la main, Père; serre-moi:
sors-moi de ce cachot obscur.
Ne me ferme pas la porte, je t'en supplie,
car je suis seul.
Pourquoi ne dis-tu rien?
Mes cris remplissent la nuit,

mais tu restes sourd et muet.
    Réveille-toi, mon Père.
Fais-moi signe, un seul signe indiquant
que tu vis,
que tu m'aimes, que tu es là, maintenant,
avec moi.
Vois, la peur et la nuit
    m'encerclent comme des fauves,
toi seul est ma défense,
    mon seul rempart.

Mais je sais que l'aurore reviendra,
et tu me consoleras encore,
comme une mère console son tout-petit;
et l'harmonie couvrira l'horizon,
et des fleuves de consolation parcourront
mes veines.

Mes frères reviendront à moi,
il y aura encore des gerbes et des étoiles;
l'air se remplira de joie
et la nuit de chansons,
et mon âme chantera éternellement
ta miséricorde,
parce que tu m'as consolé.
    Amen.

11. Ceux qui croient

Heureux ceux qui ne t'ont pas vu
et qui ont cru en toi.
Heureux ceux qui n'ont pas contemplé
ton visage
et qui ont confessé ta divinité.
Heureux ceux qui, à la lecture de l'Évangile,
ont reconnu en toi celui qu'ils espéraient.
Heureux ceux qui ont décelé
ta divine présence
en tes envoyés.

Heureux ceux qui, dans le secret de leur cœur,
ont écouté ta voix et y ont répondu.
Heureux ceux qui,
animés du désir de toucher Dieu,
t'ont découvert dans le mystère.
Heureux ceux qui,
dans les moments d'obscurité,
ont adhéré plus fortement à ta lumière.

Heureux ceux qui,
déconcertés par l'épreuve,
gardent confiance en toi.
Heureux ceux qui,
malgré l'impression que tu es absent,
continuent de croire que tu es proche.
Heureux ceux qui, ne t'ayant pas vu,

vivent la ferme espérance
de te voir un jour. Amen.

12. Moments d'obscurité

Seigneur Jésus Christ, tu as fait surgir la lumière de l'ombre de la mort. L'abîme de la solitude la plus profonde est habité désormais par la puissante protection de ton amour; du recoin le plus obscur nous pouvons déjà chanter l'alléluia de ceux qui sont sauvés.

Accorde-nous l'humble simplicité de la foi. Qu'elle ne s'évanouisse pas lorsque tu nous harcèles aux heures d'obscurité et d'abandon, quand tout devient problème.

Quand autour de nous s'engage une lutte mortelle, donne-nous assez de lumière pour ne pas te perdre de vue, la lumière suffisante pour pouvoir la transmettre à ceux qui en ont plus besoin que nous.

Fais briller sur nous, telle une aurore, le mystère de ta joie pascale. Fais que nous soyons vraiment des femmes et des hommes pascals, au centre du samedi saint de l'histoire.

Accorde-nous à travers les jours lumineux et obscurs du temps dans lequel nous vivons de pouvoir cheminer allègrement vers la gloire future. Amen.

13. Présence cachée

Tu n'es pas là.
On ne peut pas voir ton visage.
Tu es là.
Tes rayons se dispersent en mille directions.
Tu es présence cachée.

Présence toujours cachée et toujours éclatante,
mystère fascinant
vers lequel convergent toutes les aspirations.
Vin qui enivre,
qui satisfait tous les désirs.
Infini insondable
qui apaise toutes les chimères.

Tu es le plus éloigné et le plus proche de tout.
Tu es substantiellement présent
en tout mon être.
Tu me communiques l'existence
et la consistance.

Tu me pénètres, tu m'entoures, tu m'aimes.
Tu es autour de moi et en moi.

De ta présence active tu rejoins
les zones les plus lointaines et profondes
de mon intimité.

Tu es l'âme de mon âme,
la vie de ma vie,
plus moi que moi-même,
la réalité totale et totalisante,
dans laquelle je suis immergé.
Avec ta force vivifiante
tu pénètres tout ce que je suis, tout ce que j'ai.

Prends-moi tout entier,
toi qui es le tout de mon tout,
et fais de moi
une vive transparence de ton être
et de ton amour,
Père très aimé.

14. Seigneur de la victoire

Quand tous nos projets humains s'écroulent,
quand se dérobent nos appuis terrestres;
quand de nos plus beaux rêves
il ne reste que la désillusion;
quand nos meilleurs efforts
et notre plus ferme volonté
n'atteignent pas l'objet proposé;
quand la sincérité et l'ardeur de l'amour

n'aboutissent à rien,
et que l'échec est là, dévastateur et cruel,
frustrant nos plus belles espérances,
tu demeures, Seigneur, indestructible
et fort,
notre ami qui peut tout.

Tes desseins demeurent intacts,
rien ne peut empêcher
que ta volonté s'accomplisse.
Tes rêves sont plus beaux que les nôtres,
et tu les réalises.

Tu convertis les échecs
en un immense triomphe,
tu n'es jamais vaincu.
Toi, qui du néant
fais surgir l'être et la vie,
tu prends notre impuissance
en tes mains créatrices,
avec un amour infini,
et tu lui fais produire du fruit, ton œuvre,
meilleure que tous nos désirs.

En toi, notre espérance
se sauve du désastre,
s'accomplit pleinement. Amen.

15. Le Dieu de la foi

Toi qui n'as aucun nom,
tu es impalpable comme une ombre
et inébranlable comme un rocher !
Tu ne seras jamais capté
par une expérience scientifique
ni dominé par quelque argumentation
rationnelle
parce que tu es le Dieu de la foi.

Tu n'es pas un objet mystérieux,
mais le mystère :
Celui qui ne peut pas être compris
de façon analytique ;
Celui qui ne sera pas réduit
à des abstractions
ni à des catégories.
Celui que les syllogismes
ne rejoindront jamais ;
Celui qui est pour être accueilli,
assumé, vécu.
Celui qu'on «comprend» à genoux,
dans la foi, en se livrant.
Tu es le Dieu de la foi.

Les mots les plus admirables du langage
humain ne pourront pas t'enserrer en leurs
frontières, ni même un iota de ta substance. Ils

ne pourront jamais englober l'amplitude, l'immensité et la profondeur de ta réalité.

Tu dépasses, tu englobes, tu transcendes et inclus tout nom et toute parole. Tu es réellement sans-nom, vraiment celui qu'on ne sait pas nommer.

Tu es le Dieu de la foi.

Ce n'est que dans la nuit profonde de la foi,
lorsque se taisent l'esprit et la bouche,
dans le silence complet
et dans la présence totale,
à genoux, le cœur ouvert,

à ce moment seulement apparaît la certitude de la foi, la nuit devient plein jour, et l'on commence à comprendre l'inintelligible.

Pendant ce temps nous allons simplement, entrevoyant ton visage entre pénombres, traces, vestiges, analogies et comparaisons.

Mais je ne peux pas te regarder face à face.
Tu es le Dieu de la foi.

Notre âme désire ardemment te saisir, adhérer à toi. Nous désirons te posséder, nous ajuster à toi et nous reposer. Mais combien de fois, en rejoignant ton ombre, t'évanouis-tu comme un songe, et deviens-tu absence et silence.

Il n'y a pas de doute, tu es le Dieu de la foi.

Comme les exilés, nous sommes entraînés vers toi par une nostalgie obscure et puissante, une étrange nostalgie envers une personne que nous n'avons jamais embrassée et pour une patrie que nous n'avons jamais habitée.

Tu nous sers l'apéritif et nous laisses sans banquet. Tu nous as donné les prémices, mais pas les délices du royaume. Tu nous donnes l'ombre, mais pas ton visage, et tu nous laisses comme un arc tendu. Où es-tu?

Pèlerins de l'absolu et chercheurs d'un infini que nous ne «découvrirons» jamais, et comme nous ne te rencontrerons jamais, nous sommes destinés à cheminer toujours derrière toi comme d'éternels marcheurs en une odyssée qui ne prendra fin que sur les plages définitives de la patrie, quand seront devenues caduques la foi et l'espérance, et que seul demeurera l'amour. Alors oui, nous te contemplerons face à face.

Mon Dieu, si je suis un écho de ta voix, comment se fait-il que l'écho vibre encore alors que la voix demeure silencieuse?

Si je suis la soif, et toi l'eau immortelle,
quand cette soif s'apaisera-t-elle?
Si je suis la rivière, et toi la mer,
quand me reposerai-je en toi?

Je t'acclame et te réclame,
je t'affirme et te confirme,
je t'implore et j'ai besoin de toi,
j'ai la nostalgie de toi et je soupire après toi:
où es-tu?

Ô toi qui n'as ni nom ni visage;
dans l'obscurité de la nuit je m'agenouille,
je me livre à toi, je crois en toi.

16. Prière d'espérance

Seigneur,
je suis une fois de plus devant ton mystère.
Je suis constamment enveloppé de ta présence
qui se transforme si souvent en absence.
Je cherche ta présence
en l'absence de ta présence.

En regardant le monde immense
de la terre des hommes et des femmes,
j'ai l'impression
que plusieurs n'espèrent plus en toi.
Moi-même je fais des plans, je fixe mes buts
et je pose les pierres d'un édifice
qui semble n'avoir d'autre architecte
que moi.

De nos jours, nous sommes souvent
des créatures qui fondons
notre espérance en nous-mêmes.
Donne-moi, Seigneur, la conviction
la plus profonde
que je serai en train de détruire mon avenir
si l'espérance en toi
n'est pas présente.

Fais que je comprenne profondément
qu'en dépit du chaos des choses
qui m'entourent,
qu'en dépit des nuits que je dois franchir,
qu'en dépit de la fatigue de mes jours,
mon avenir est entre tes mains
et que la terre que tu me montres
à l'horizon du jour qui vient
sera plus belle et meilleure.

Je dépose en ton mystère mes pas et mes jours
parce que je sais que ton Fils
et mon Frère
a vaincu la désespérance
et qu'il a garanti un avenir nouveau
parce qu'il est passé de la mort à la vie.
Amen.

17. Souffrance et rédemption

Seigneur, que signifie être homme, être femme? Souffrir à pleines mains. Depuis les pleurs du nouveau-né jusqu'au dernier gémissement de l'agonisant, souffrir est le pain quotidien et amer qui ne fait jamais défaut à la table familiale.

Mon Dieu, à quoi sert la souffrance, cette malheureuse créature? C'est une dépouille inutile. Elle n'a pas de nom, mais elle a mille sources et mille visages, et qui peut l'éviter? Elle chemine à nos côtés sur la route qui mène des ténèbres à la lumière. Que peut-on faire d'elle?

C'est une créature qui a poussé dans le sol humain comme un champignon maudit, sans que personne ne la sème ni ne la désire. Que faire d'elle?

Je me souviens de ta croix, Jésus de Nazareth; Pauvre de Dieu; de cette croix que tu n'as pas choisie, mais que tu as assumée dans la paix, certes, mais aussi avec angoisse. À quoi sert ce grand courant ensanglanté de la douleur humaine? Voilà la question : que faire de ce mystère essentiel et brûlant?

Les mille infirmités, les mille et une incompréhensions, les conflits intimes, les dépressions et les obsessions, les rancœurs et les envies, les mélancolies et les tristesses, les limites et les impuissances, les siennes propres et celles des autres, les peines, les clous, les supplices... Que faire de cette forêt infinie de feuilles mortes?

Toi le juste, le serviteur obéissant et soumis au Père, lorsqu'est venue ton heure, après avoir frémi de frayeur, tu t'es livré paisiblement et tu as accepté librement de boire jusqu'à la lie le calice de douleur. Les actions de la conspiration humaine ne sont pas tombées sur toi aveugles et fatales, mais tu les as assumées volontairement. Tu voyais qu'elles n'étaient pas seulement machination humaine, mais aussi permission du Père. Avec amour tu as pris ta croix.

Je te rends grâce pour la leçon, Christ, mon ami. Nous avons maintenant la réponse à l'interrogation fondamentale de l'homme : que faire de la douleur?

On ne vainc pas la souffrance en se plaignant, en la combattant ou en lui résistant, mais en l'assumant. En portant avec amour la croix, non seulement t'accompagnons-nous sur le chemin du Calvaire, Jésus de Nazareth, mais nous collaborons avec toi à la rédemption du monde, et encore plus, «nous suppléons ce qui manque à la passion du Seigneur».

La parfaite liberté n'est pas seulement de prendre la croix avec amour, mais de lui être reconnaissant, sachant qu'ainsi nous assumons solidairement la souffrance humaine et que nous collaborons à la tâche transcendante de la rédemption de l'humanité.

Je te rends grâce, Seigneur Jésus Christ, pour la sagesse de la croix.

III. SITUATIONS

18. Prière de l'aurore

Seigneur, dans le silence de ce jour qui naît,
je viens solliciter la paix,
la sagesse et la force qui sont de toi.
Aujourd'hui je veux regarder le monde
avec des yeux pleins d'amour;
être patient,
compréhensif, humble, doux et bon.
Voir tes fils au-delà des apparences,
comme tu les vois toi-même,
pour apprécier ainsi
la bonté de chacun.
Ferme mes oreilles à tout murmure,
garde ma langue de toute médisance,
que seules les pensées de bénédiction
demeurent en moi.
Je veux être si bien intentionné et si juste
que tous ceux qui s'approchent de moi
sentent ta présence.
Revêts-moi, Seigneur, de ta bonté,
et fais qu'au long de ce jour
je sois un reflet de toi. Amen.

19. Supplique du soir

Mon Père, maintenant que les voix se sont tues et que les clameurs se sont éteintes, mon âme s'élève jusqu'à toi pour te dire : je crois en toi, j'espère en toi, je t'aime de toutes mes forces. Gloire à toi, Seigneur.

Je remets entre tes mains la fatigue et la lutte, les joies et les déceptions de ce jour que je laisse derrière moi.

Si mes nerfs m'ont trahi, si les impulsions égoïstes m'ont dominé, si j'ai laissé la rancœur ou la tristesse pénétrer chez moi, pardonne-moi, Seigneur. Aie pitié de moi.

Si j'ai été infidèle, si j'ai prononcé des paroles vaines, si je me suis laissé emporter par l'impatience, si j'ai été une épine pour quelqu'un, pardon, Seigneur. Je ne veux pas m'abandonner au sommeil sans sentir sur mon âme la sécurité de ta miséricorde, ta douce miséricorde totalement gratuite, Seigneur.

Je te rends grâce, mon Père, parce que tu as été l'ombre rafraîchissante qui m'a recouvert tout ce jour. Je te rends grâce parce que — invisible, affectueux — tu m'as entouré, tu as veillé sur moi comme une mère, tout au long de ces heures.

Seigneur, autour de moi tout est déjà silence et calme. Envoie sur cette maison l'ange de la paix. Détends mes nerfs, tranquillise mon esprit, fais tomber mes tensions, inonde mon être de silence et de sérénité.

Veille sur moi, Père bien-aimé, alors que je me remets confiant au sommeil, comme un enfant qui dort heureux dans tes bras.

En ton nom, Seigneur, je reposerai tranquille. Ainsi soit-il.

20. Supplique dans la maladie

Vers toi, Seigneur qui as parcouru ce monde «guérissant toute souffrance et toute maladie», je fais monter mes appels et mes gémissements, moi, pauvre arbre abattu par la douleur. Fils de David, aie pitié de moi.

Ma santé se désagrège comme un château de sable. Je suis enfermé dans un cercle fatal: hôpital, lit, analyses, diagnostics, médicaments, médecin, infirmière... je ne peux pas sortir de ce cercle. Il y a au plus profond de moi une bête et personne ne découvre son visage. Aie pitié de moi, Seigneur.

Mon Dieu, chaque matin je me lève fatigué; mes yeux sont rougis de tant d'insomnies. Je me sens souvent lourd comme du plomb. Tout mon corps est rompu, de fait, et la douleur me mord. Et par-dessus tout, Seigneur, la peur. J'ai très peur. La peur, comme un vêtement mouillé, colle à mon âme. Qu'adviendra-t-il de moi? Est-ce que se lèvera pour moi l'aurore de la santé? Pourrai-je chanter un jour l'alléluia de ceux qui guérissent?

Me rendras-tu visite un jour, mon Dieu? N'as-tu pas déjà dit: «Lève-toi et marche»? N'as-tu pas dit à Lazare: «Viens dehors»? Est-ce qu'au son de ta voix les lépreux n'ont pas été guéris et les estropiés n'ont pas marché? N'as-tu pas jeté dehors les béquilles, n'as-tu pas marché sur les eaux? Quand mon heure viendra-t-elle? Quand pourrai-je, moi aussi, raconter tes merveilles? Fils de David, aie pitié de moi. Toi qui es mon unique espérance.

Je sais cependant qu'il y a pire que la maladie: l'angoisse. Bonne est la santé, mais meilleure encore la paix. À quoi sert la santé sans la paix? Et ce qui me manque le plus, Seigneur Jésus, c'est la paix. L'angoisse, sombre obscurité faite de solitude, de peur et d'incertitude, l'angoisse m'assaille sans cesse, et parfois me domine complètement. Je sens fréquemment la tristesse, et parfois une tristesse de mort.

J'ai besoin de paix, Seigneur, de cette paix que toi seul peux donner. Donne-moi cette paix faite de consolation, cette paix qui est fruit d'un abandon confiant. Je laisse donc ma santé entre les mains de la médecine, et je ferai tout mon possible pour récupérer la santé. Le reste, je le remets entre tes mains.

À partir de maintenant, j'abandonne les rames, et je laisse ma barque dériver sur les courants divins. Emporte-moi où tu veux, Seigneur. Donne-moi santé et longue vie, cependant que ne soit pas faite ma volonté, mais ce que tu veux, toi. Je sais que ce soir tu me consoleras. Comble-moi de ta sérénité, et cela me suffit. Ainsi soit-il.

21. Unité dans le mariage

Seigneur,
il arriva un jour
que sur la terre dénudée et vierge

surgit à l'improviste
une fleur façonnée de neige et de feu.

Cette fleur étendit un pont d'or
entre deux rives,
guirlande qui enchaîna pour toujours
nos vies et nos destins.
Seigneur, ce fut l'amour et ses prodiges,
rivières, émeraudes et illusions.
Gloire à toi, fournaise incandescente d'amour!

Puis le temps passa,
et dans la suite confuse des ans
la guirlande perdit de sa fraîcheur,
et le givre
entoura de toutes parts la flamme;
la routine, ombre maudite, se fit envahissante,
sans que nous ne nous en rendions compte,
elle pénétra
tout le tissu de la vie.
Et l'amour commença d'hiberner.

Seigneur, source d'amour,
    à genoux
nous faisons monter vers toi
notre ardente supplication:
Sois en notre maison
lumière et feu,
pain, pierre et rosée,
poutre centrale et colonne vertébrale.
Que chaque soir les plaies soient pansées

et qu'à chaque matin renaisse l'amour
comme un printemps tout neuf.
Sans toi nos rêves s'éparpilleront.
Sois pour nous fidélité,
allégresse et garantie de stabilité.

Maintiens en notre foyer, Seigneur,
haute comme les étoiles,
    la flamme de l'amour,
et que l'unité, comme une rivière abondante,
parcoure et irrigue nos artères jour après jour.
Sois, Seigneur, le lien d'or qui maintient
nos vies
incorruptiblement enlacées
jusqu'à la dernière frontière
et au-delà. Amen.

22. Un enfant est né

Il est arrivé,
et la maison s'est remplie de parfum.
On dirait le printemps.
En toi, Père saint, source première de toute
paternité,
en toi sont toutes nos sources.
Tu nous as envoyé un présent
désiré et rêvé :

un enfant est arrivé au repas de fête,
qu'il soit le bienvenu !

Avec quels mots te dirons-nous
notre action de grâce,
Seigneur de la vie, avec quelles paroles?
Merci pour ses yeux et pour ses mains,
merci pour ses pieds et pour sa peau,
merci pour son corps et pour son âme.

Nous le déposons entre tes mains de tendresse
pour que tu veilles sur lui,
pour que tu le dorlottes
et le remplisses de douceurs.

Père saint et aimé, mets un ange à ses côtés
pour qu'il barre le passage à tout mal
pour qu'il le guide sur le chemin de la santé
et du bien-être.

Que le bien, la paix et la bénédiction
l'accompagnent tous les jours de sa vie. Amen.

23. Un foyer heureux

Seigneur Jésus, tu as vécu
dans une famille heureuse.
Fais de cette maison une demeure
de ta présence,
un foyer chaud et heureux.

Que viennent sur tous ses membres
la tranquillité,
sur nos nerfs, la sérénité,
sur nos langues, le contrôle,
sur nos corps, la santé!

Que les enfants soient aimés
et qu'ils le sentent,
et que s'éloignent d'eux à jamais
l'ingratitude et l'égoïsme.
Inonde, Seigneur, le cœur des parents
de patience et de compréhension
et de générosité sans limites!

Étends, Seigneur Dieu, une tente d'amour
pour couvrir et rafraîchir, réchauffer et mûrir
tous les enfants de la maison.

Donne-nous le pain de chaque jour,
et éloigne de notre maison
la soif de s'exhiber, de briller et de paraître;
libère-nous des vanités du monde
et des ambitions qui inquiètent
et dérobent la paix.

Que la joie brille dans nos yeux,
que la confiance ouvre toutes les portes,
que le bonheur resplendisse comme un soleil
et que la paix dans l'unité soit reine
de ce foyer!
Nous te le demandons à toi qui as été

un fils heureux
dans le foyer de Nazareth
auprès de Marie et de Joseph.
Amen.

24. Bonnes nouvelles

À l'aube est venu le messager
et à la brunante le facteur.
Et la maison s'est remplie de lumière.

Nos craintes se sont évanouies.
Et nous avons respiré.
Les calculs les plus optimistes
sont restés derrière.

L'harmonie est revenue.
Le succès sourit.
La santé renaît.

Les bonnes nouvelles de ce soir
nous ont remplis de tranquillité.
Le sourire est revenu sur nos lèvres.
Nous sommes heureux.

Mon Dieu, laisse-moi dire :
gerbes et cimes,
neiges et rivières,
rendez grâce à mon Dieu. Qu'il en soit ainsi !

25. Requiem pour un être cher

Silence et paix.
Il a été emporté au pays de la vie.
Pourquoi poser des questions?
Sa demeure, désormais, est le repos,
et son vêtement, la lumière. Pour toujours.
Silence et paix. Qu'en savons-nous?

Mon Dieu, Seigneur de l'histoire et maître d'hier et de demain, en tes mains sont les clés de la vie et de la mort. Sans nous poser de questions, tu l'as emporté auprès de toi dans la demeure sainte, et nous fermons les yeux, nous baissons le front et nous te disons simplement: c'est bien. Qu'il en soit ainsi.

Silence et paix.

La petite musique de la vie a été submergée par les eaux profondes de la mort, et toutes les nostalgies reposent sur les plaines infinies.

Le combat est fini. Il n'y aura plus pour lui ni larmes, ni pleurs, ni soubresauts. Le soleil brillera à jamais sur son front, et une paix intangible habitera définitivement son cœur.

Seigneur de la vie et maître de nos destinées, en tes mains nous déposons silencieusement cet être cher qui nous a quittés.

Alors que nous confions à la terre ses restes éphémères, son âme immortelle vit à jamais dans la paix éternelle, sur ton sein insondable et amoureux, Père des miséricordes.

Silence et paix.

IV. ÉTATS D'ÂME

26. Supplication dans la peur

Seigneur, montent des nuages
à l'horizon.
La mer est agitée.
J'ai peur.

La crainte paralyse le sang dans mes veines.
Des mains invisibles me tirent en arrière.
Je n'ose pas.

Un vol d'oiseaux sombres
traverse le firmament.
Qu'est-ce que cela signifie?

Mon Dieu, dis à mon âme:
Je suis ta victoire.

Dissipe cette peur viscérale,
et répète-moi:
Ne crains pas, je suis avec toi.

27. Paix

Seigneur,
Comble mon cœur d'espérance
et mes lèvres de douceur.
Mets en mes yeux la lumière qui caresse
et purifie,
en mes mains le geste qui pardonne.
Donne-moi le courage dans la lutte,
la compassion dans les injures,
la miséricorde dans l'ingratitude et l'injustice.

Libère-moi de l'envie
et de l'ambition mesquine,
de la haine et de la vengeance.
Et qu'en retournant ce soir à la chaleur
de mon lit
je puisse,
au plus intime de mon être,
sentir ta présence. Amen.

28. Moments de dépression

Mon Dieu, mon Dieu, pourquoi m'as-tu abandonné? Cinquante tonnes de plomb me sont tombées dessus, à l'improviste, et je ne sais pas où fuir, et je n'ai plus envie de vivre. Où es-tu, Seigneur?

Misérable et vidé, traîné sur une terre déserte, je ne me vois entouré que par des ombres. Par où puis-je sortir? Pitié, mon Dieu.

Pauvre ange sans ailes! abandonné sur les chemins oubliés et embrumés. Où suis-je? Je suis au fond de la mer et je ne peux pas respirer. Où est passée la lumière? Le soleil brille-t-il encore?

Pire que le vide et le néant, qu'est-ce que cette horreur de se sentir homme? Mon Dieu, pourquoi ne me rayes-tu pas de la liste des vivants?

Comme une cité assiégée, l'angoisse, la tristesse, l'amertume et l'agonie m'encerclent de toutes parts et m'étouffent. Comment s'appelle cet état? Nausée? Aversion pour la vie? La désolation étend ses ailes grises d'un horizon à l'autre. Où est la sortie? Y a-t-il même une sortie? Toi seul es ma sortie, mon Dieu.

Je n'oublie pas, Jésus, fils de Dieu et serviteur du Père, qu'à Gethsémani, sous les ombres nocturnes des oliviers, l'aversion et l'agonie t'ont fait verser larmes et sang; et je me souviens qu'une lourde tristesse de mort t'inonda intérieurement comme un océan amer. Mais tout a eu une fin.

Je sais que ma nuit finira aussi. Je sais que tu déchireras ces ténèbres, mon Dieu, et que demain s'éveillera la consolation. Les lourdes murailles tomberont et de nouveau je pourrai respirer. Demain même ma pauvre âme sera visitée et je revivrai.

Et je dirai : merci, mon Dieu, parce que ce ne fut qu'un cauchemar ; le cauchemar d'une seule nuit qui appartient déjà au passé. Entre temps, donne-moi la patience et l'espérance. Et que ta volonté soit faite, mon Dieu ! Amen.

29. Reconnaissance

Même si notre bouche était pleine de chansons
comme la mer ;
et notre langue pleine de joie
comme le clapotis de ses vagues ;
et nos lèvres débordantes de louange
comme l'immensité du firmament ;
et même si nos yeux resplendissaient
comme le soleil et la lune ;
et nos bras s'étendaient
comme l'aigle dans l'espace ;
et nos pieds étaient légers
comme ceux d'une biche...
nous ne réussirions pas à te remercier,

Adonaï, notre Dieu et Dieu de nos pères,
ni à bénir ton nom pour une infime partie de
ce que tu as accompli pour nos ancêtres et
pour nous-mêmes. Amen.

30. Pardonne-moi, Seigneur

Si, exténué, je tombe au milieu du chemin,
pardonne-moi, Seigneur.
Si un jour mon cœur chancelle
devant la souffrance,
pardonne-moi, Seigneur.

Pardonne ma faiblesse.
Pardonne-moi de m'être arrêté.

La magnifique guirlande
que j'ai offerte ce matin à Dieu
se fane déjà;
sa beauté s'évanouit.
Pardonne-moi, Seigneur.

V. ABANDON

31. Acte d'abandon

En tes mains, ô Dieu, je m'abandonne.
Modèle cette glaise
comme fait le potier.
Donne-lui une forme, et ensuite, si tu veux,
brise-la.
Commande, ordonne.
«Que veux-tu que je fasse?
Que veux-tu que je ne fasse pas?»

Loué et humilié, persécuté,
incompris et calomnié,
consolé, endolori, inutile,
il ne me reste qu'à dire, à l'exemple
de ta Mère:
«Qu'il me soit fait selon ta parole!»

Donne-moi l'amour par-dessus tout,
l'amour de la croix;
pas une croix héroïque, qui puisse satisfaire
mon amour-propre;
mais ces croix humbles et vulgaires,
que je porte avec répugnance.
Celles que je rencontre chaque jour

dans la contradiction,
dans l'oubli, l'échec, dans les faux jugements
et l'indifférence,
dans le rejet et le mépris des autres,
dans les malaises et la maladie,
dans les limites intellectuelles
et dans l'aridité, dans le silence du cœur.

Alors seulement tu sauras que je t'aime,
même si je ne le sais pas moi-même.
Mais cela suffit. Amen.

32. Abandon

Le chemin qui mène à l'ami
n'est jamais trop long,
ni trop étroit le lieu
où il habite.
Si les hommes généreux
se mettent en chemin
pour se rendre jusqu'à toi,
et qu'ils te demandent avec insistance
les biens de l'esprit,
l'un après l'autre...

Nous, au contraire,
nous laissons nos montures
à l'étape de l'abandon total
à ta volonté,

et nous renonçons à poursuivre le voyage,
celui au cours duquel nous nous arrêtons sans
cesse,
pour partir à nouveau.
Nous déposons nos bagages
devant le seuil de ta maison.
Mon Dieu, nous te confions
tous nos intérêts, sans exception.
Dispose alors
comme bon te semblera;
ne nous laisse pas retrouver
le goût de nos petites sécurités,
Dieu de majesté! Amen.

33. Prière d'abandon

Père,
je me remets entre tes mains.
Fais de moi ce qu'il te plaira.
Je te rends grâce
pour tout ce que tu feras de moi.

Je suis prêt à tout, j'accepte tout,
pourvu que ta volonté se fasse en moi
et en toutes tes créatures.
Je ne désire rien d'autre, mon Dieu.

Je remets mon âme entre tes mains,
je te la donne, mon Dieu,

avec toute l'ardeur de mon cœur
parce que je t'aime,
et que me presse ce besoin d'amour,
de me donner, de me remettre
entre tes mains sans mesure,
avec une infinie confiance,
car tu es mon Père. Amen.

34. Patience

Fils,
si tu t'engages sérieusement
sur le chemin de Dieu,
prépare ton âme aux épreuves
qui vont se présenter;
assieds-toi patiemment devant le
    seuil de sa porte,
acceptant paisiblement les silences,
    les absences et les retards
auxquels il voudra te soumettre,
car c'est au creuset que l'or se purifie.

Seigneur Jésus, depuis que tu es passé
parmi nous
revêtu de patience comme habit
et signe distinctif,
la patience est devenue la reine des vertus
et la perle la plus précieuse de ta couronne.

Accorde-moi la grâce d'accepter dans la paix
l'essentielle gratuité de Dieu,
le chemin déconcertant de la grâce
et les urgences imprévisibles de la nature.
J'accepte dans la paix
la marche lente et zigzagante de l'oraison,
et j'accepte que le chemin de la sainteté
soit si long et si difficile.

J'accepte dans la paix
les contrariétés de la vie
et les incompréhensions de mes frères,
les maladies et la mort même,
et la loi de l'insignifiance humaine,
c'est-à-dire qu'après ma mort tout continuera
comme si de rien n'était.

J'accepte dans la paix
de désirer tant et de pouvoir si peu,
et qu'après de si grands efforts
je n'obtienne que de minimes résultats.
J'accepte dans la paix la loi du péché,
c'est-à-dire que
je fais ce que je ne veux pas,
et je n'accomplis pas
ce que j'aimerais faire.
Je laisse entre tes mains, en paix,
tout ce que j'aurais dû être
et que je n'ai pas été,
ce que j'aurais dû faire et que je n'ai pas fait.

J'accepte dans la paix
toute impuissance humaine
qui m'entoure et me limite.
J'accepte dans la paix
les lois de la précarité
et de ce qui est provisoire,
la loi de la médiocrité et de l'échec,
la loi de la solitude et de la mort.

En échange de cet abandon,
fortifie-moi dans la paix, Seigneur.

35. Prends-moi

Prends-moi, Seigneur Jésus,
avec tout ce que je suis;
avec tout ce que j'ai et ce que j'accomplis,
avec ce que je pense et ce que je vis.
Prends mon esprit
pour qu'il adhère à toi,
dans toute l'intimité de mon cœur,
et qu'il n'aime que toi.

Prends-moi, mon Dieu, en mes désirs secrets,
qu'ils deviennent rêves, but ultime,
attachement et bonheur parfait.
Prends-moi avec bonté, pour m'attirer à toi.
Prends-moi avec douceur,
pour m'accueillir en toi.

Prends-moi avec amour, pour m'unir à toi.
Prends-moi, mon Sauveur,
dans ta souffrance, ta joie,
ta vie, ta mort, dans la nuit de la croix,
dans le jour immortel de ta résurrection.

Prends-moi avec puissance,
pour m'élever jusqu'à toi;
prends-moi avec ardeur,
pour m'enflammer de toi,
prends-moi avec ta grandeur,
pour que je me perde en toi.

Prends-moi pour le travail
de ta grande mission,
pour que je m'abandonne totalement
au salut du prochain
et pour tout sacrifice
au service de tes frères.

Prends-moi, Christ, mon Dieu,
sans limite et sans fin.
Prends ce que je puis t'offrir;
ne me remets jamais ce que tu as pris,
de manière à ce qu'un jour
je puisse te posséder au ciel,
te tenir et te garder à jamais. Amen.

36. Cantique d'abandon

Mon Père,
j'élève aujourd'hui ma voix pour te chanter
parce qu'au lieu du jour,
à la place du soleil avec sa lumière
et ses couleurs,
tu m'as laissé dans l'obscurité,
dans la nuit froide.

Je t'aime,
je t'adore
parce que les vagues de la mer
de ta toute-puissance
ont fait irruption et ont détruit
mes rêves et mes châteaux;
et qu'elles ont défait
les liens les plus doux, les plus forts,
les plus sacrés de mon existence.

Je t'aime,
je t'adore et te bénis
parce qu'au lieu de la chaleur de ta tendresse
est venue dans ma chaumière
la froideur de l'indifférence
givrant la dernière fleur.

Seigneur, mon Dieu,
je te bénis et te loue parce qu'en ta sainte
et très douce volonté

tu as permis que les ombres du crépuscule
éteignent le coloris de ma jeunesse;
parce que tu as voulu que je sois,
non pas un astre
ni un calice brillant et beau
mais un grain de sable, simple et insignifiant,
sur l'immense plage de l'humanité.

Si un jour je t'ai loué avec allégresse
et je t'ai chanté au sein de cette lumière
par laquelle tu as transfiguré ma vie,
aujourd'hui je t'aime et je t'adore
dans l'ombre de la croix.

Je te bénis dans la lutte et le travail,
au milieu des pierres et des aspérités
de la montée;
et les pleurs que je verse aujourd'hui
tombent de mon âme reconnaissante
qui te bénit dans la tiédeur et la pauvreté,
dans la grisaille de la tristesse,
parce que, malgré tout,
tu m'as donné avec affection
cette voûte bleue et infinie
pour couvrir, Seigneur, mon malheur.

Oui, je baise avec affection et abandon
ces mains divines qui me blessent,
parce que je crois fermement que
ni un seul cheveu, ni une feuille ne tombe
sans la volonté aimante du Père

qui dirige avec sagesse
l'orchestre de l'univers.

Oui, Père puissant et aimé,
du plus profond de mon âme
étonnée et reconnaissante, je te loue,
et j'exulte en un chant d'espérance.
Si un jour tu défais mes plans
et mes programmes,
si tu éteins pour un moment ma flamme,
c'est pour que, au-delà de l'éclat des objets,
des parfums, des fleurs
qui finissent par se faner,
j'aperçoive un autre monde plus beau,
une patrie où le soleil ne se couche pas
et une maison lumineuse
édifiée sur la paix éternelle.
Je me remets entre tes mains;
fais de moi ce qu'il te plaira. Amen.

VI. TRANSFORMATION

37. La grâce de l'amour fraternel

Seigneur Jésus,
ton grand rêve a été que nous soyons « un »
comme le Père et toi, que notre unité se
consume en votre unité.

Tel ton grand commandement, le testament
final et le signe distinctif de ceux qui te suivent : que nous nous aimions comme tu nous
aimes; et tu nous aimes comme ton Père
t'aime toi-même. Tels sont la source, la mesure et le modèle.

Avec les douze tu as formé une famille
itinérante. Tu as été avec eux sincère et vrai,
exigeant et compréhensif, et, par-dessus tout,
très patient. Comme dans une famille,
tu les as prévenus des dangers,
tu les as stimulés dans les difficultés,
tu as célébré leurs succès,
tu leur as lavé les pieds,
tu les as servis à table.

Tu nous as donné d'abord l'exemple, et ensuite tu nous as laissé le précepte: aimez-vous comme je vous ai aimés.

Dans la nouvelle famille ou fraternité que nous formons aujourd'hui en ton nom, nous t'accueillons comme Don du Père et nous te reconnaissons comme notre Frère, Seigneur Jésus. Tu seras notre force d'adhésion et notre joie.

Si tu n'es pas vivant parmi nous, cette communauté s'effondrera comme une construction artificielle.

Tu te renouvelles et tu revis en chaque membre, et pour cette raison nous nous efforcerons de nous respecter les uns les autres comme nous le ferions avec toi; et quand l'unité et la paix seront menacées dans notre foyer, ta présence nous protégera. Pour cette raison nous te demandons de demeurer bien vivant en chacun de nos cœurs.

Démolis entre nous les hautes murailles élevées par l'égoïsme, l'orgueil et la vanité. Éloigne de nous l'envie qui fait obstacle et qui détruit l'unité. Libère-nous des refoulements. Calme les impulsions agressives. Purifie les sources originelles. Et que nous parvenions à ressentir comme tu ressentais, à aimer comme tu aimais. Tu seras notre modèle et notre guide, Seigneur Jésus.

Dispose-nous à accueillir la grâce de l'amour fraternel: qu'un courant profond de sensibilité et de chaleur circule dans nos relations; que nous sachions nous comprendre; que nous nous stimulions et nous fêtions comme enfants d'une même mère; qu'il n'y ait sur notre chemin aucune réticence, aucun obstacle, aucun blocage, mais que nous soyons avant tout ouverts et loyaux, sincères et affectueux, et qu'ainsi grandisse la confiance comme un arbre touffu qui couvre de son ombre tous les frères et sœurs de la maisonnée, Seigneur Jésus.

Ainsi aurons-nous un foyer chaud et heureux qui se lèvera, telle une cité sur la montagne, comme un signe prophétique que ton grand rêve s'accomplit, et que toi-même tu vis au milieu de nous. Ainsi soit-il.

38. Décision

Ô Christ.
Je suis entré dans un lieu obscur,
et les ténèbres me font mal,
elles me blessent.

Tu me manques.
Je sais que tu es en moi.
Mais tu te tais
silencieux, tranquille,
attendant ma décision.

Tu sais...
je ne peux vivre sans toi.
La vie sans toi
est vide,
elle n'a pas de sens,
elle n'a pas de couleurs.
C'est l'angoisse.

Ô Christ,
ne reste plus silencieux.
Sauve-moi!

39. Conversion totale

Je sais que tu me demandes quelque chose,
Seigneur Jésus.
Tant de portes ouvertes d'un seul coup.
Le panorama de ma vie devant les yeux:
pas comme dans un rêve.

Je sais que tu attends quelque chose de moi,
Seigneur,
et me voici,

au pied de la muraille : tout est ouvert,
il n'y a qu'un chemin libre,
ouvert sur l'infini, sur l'absolu.

Mais je ne suis pas changé, malgré tout.
J'aurai à prendre contact
avec toi, Seigneur;
je rechercherai ta compagnie,
longtemps encore,
pour mourir, mais cette fois pour de bon.

Comme ces blessés qui souffrent, Seigneur :
je te prie de venir à bout de moi.
Je suis fatigué de ne pas t'appartenir,
de n'être pas toi.

40. Faire une halte

Comme il fait bon s'arrêter... !
Seigneur, j'aimerais faire une halte
en cet instant même.
Pourquoi tant d'agitation?
Pourquoi tant de frénésie?
Je ne sais pas m'arrêter.
J'ai oublié de prier.
Maintenant je ferme les yeux.
Je veux te parler, Seigneur.
Je veux m'ouvrir à ton univers,
mais mes yeux ne supportent pas

de demeurer fermés.
Je sens qu'une agitation frénétique
envahit tout mon corps,
qu'elle va et vient, prisonnière de la hâte.
Seigneur, j'aimerais m'arrêter tout de suite.
Pourquoi une telle hâte?
Pourquoi une telle agitation?
Je ne peux pas sauver le monde.

Je suis à peine une goutte d'eau
dans l'immense océan
de ta merveilleuse création.
Ce qui est vraiment important,
c'est de rechercher ta compagnie,
c'est de s'arrêter de temps en temps,
et de s'employer à proclamer
que tu es la grandeur,
la beauté, la magnificence,
que tu es l'amour.
Ce qui est urgent, c'est de tendre l'oreille,
et te laisser interpeller;
c'est de vivre en profondeur
et m'employer continuellement
à te chercher dans le silence de ton mystère.

Mon cœur continue à battre,
mais d'une manière différente.
Je ne fais rien,
je ne me hâte pas.

Je suis simplement devant toi, Seigneur.
Et comme il fait bon être devant toi. Amen.

41. La grâce de l'humilité

Seigneur Jésus, doux et humble.

Je me lève de la poussière et cette soif insatiable d'être estimé me domine, le besoin d'être aimé par les autres m'oppresse. Mon cœur est embarrassé de délires impossibles.

J'ai besoin de rédemption. Miséricorde, mon Dieu.

Je n'arrive pas à pardonner,
la rancœur me brûle,
les critiques me blessent,
les échecs m'abattent,
les rivalités m'épouvantent.

Mon cœur est orgueilleux. Donne-moi la grâce de l'humilité, mon Seigneur doux et humble de cœur.

Je ne sais pas d'où me viennent ces désirs fous d'imposer ma volonté, d'éliminer le rival, de poursuivre la vengeance. Je fais ce que je ne veux pas. Prends pitié, Seigneur, et donne-moi la grâce de l'humilité.

D'énormes chaînes immobilisent mon cœur: ce cœur contrôle et s'approprie tout ce que je suis et tout ce que je fais, tout ce qui m'entoure. Et de ces appropriations naissent en moi tant de peurs. Pauvre de moi, seul maître de moi-même, qui brisera mes chaînes? Ta grâce, mon Seigneur pauvre et humble. Donne-moi la grâce de l'humilité.

La grâce de pardonner de tout cœur. La grâce d'accepter la critique et la contradiction, ou au moins, de douter de moi quand on me corrige.

Donne-moi la grâce de faire calmement une autocritique.

La grâce de demeurer serein dans le mépris, l'oubli et l'indifférence; de me sentir vraiment heureux dans l'anonymat; de ne pas fomenter de sentiments, de paroles et d'actions d'auto-satisfaction.

Ouvre en moi, Seigneur, des espaces libres pour que vous puissiez m'habiter, toi et mes frères et sœurs.

Enfin, mon Seigneur Jésus Christ, donne-moi la grâce d'acquérir un cœur libre et ouvert comme le tien; un cœur doux et patient. Christ Jésus, doux et humble de cœur, rends mon cœur semblable au tien. Qu'il en soit ainsi!

42. Devant ta face, Seigneur

Je t'ai cherché, Seigneur, autant que j'ai pu, autant que tu m'as donné de le faire. Je me suis efforcé de comprendre avec l'intelligence ce que je croyais par la foi. Je me suis beaucoup fatigué.

Seigneur mon Dieu, mon unique espérance, écoute-moi pour que je ne succombe pas au découragement et que je ne cesse pas de te chercher; j'ai toujours désiré avec ardeur ton visage. Donne-moi la force de te chercher. Toi qui as permis que je te rencontre, qui m'as donné l'espoir d'une connaissance plus parfaite. Devant tes yeux sont ma force et ma faiblesse; guéris ma faiblesse, garde ma force. Devant tes yeux sont ma science et mon ignorance; si tu m'ouvres, reçois celle qui entre, et si tu me fermes la porte, ouvre à celle qui frappe avec insistance.

Fais que je me souvienne de toi, que je te comprenne et que je t'aime. Fais grandir en moi ces dons jusqu'à ce que je me donne totalement. Amen.

43. La grâce de nous respecter

Jésus Christ, notre Seigneur et notre frère,
mets un cadenas à la porte de notre cœur
afin qu'il ne pense de mal de personne,
qu'il ne juge pas défavorablement,
qu'il ne suppose ni n'interprète mal,
qu'il n'envahisse pas le sanctuaire sacré
des intentions.

Seigneur Jésus, lien unifiant de notre fraternité, scelle notre bouche de silence, afin de bloquer tout murmure ou commentaire défavorable, pour conserver jalousement jusqu'à la tombe les confidences reçues ou les irrégularités observées, sachant que la première et parfaite façon concrète d'aimer est de garder le silence.

Sème en nos entrailles des fibres de délicatesse. Donne-nous un esprit de courtoisie afin que nous ayons les uns pour les autres les attentions que nous aurions pour toi-même. Et donne-nous, en même temps, la sagesse nécessaire pour entourer comme il convient cette courtoisie de confiance fraternelle.

Seigneur Jésus Christ, donne-nous la grâce de nous respecter. Qu'il en soit ainsi!

44. Conduis-moi

Guide-moi, brillante lumière,
à travers les ténèbres qui m'entourent,
emmène-moi toujours plus loin devant.
La nuit est obscure
et je suis loin de chez moi,
conduis-moi encore plus loin devant.

Guide mes pas : je ne te demande pas
de me faire voir déjà
ce que tu me réserves pour l'avenir.
Un seul pas à la fois me suffit
pour le moment.
Je n'ai pas toujours été ainsi ;
et je n'ai pas toujours prié
pour que tu me conduises.
J'aimais choisir mon propre chemin ;
mais maintenant je te prie pour que désormais
tu me guides, toi,
toujours.
Je désirais les jours de gloire
et l'orgueil dirigeait mes pas.
Je t'en prie, ne regarde pas
ces années passées.

Ta puissance m'a largement béni ;
et sans doute aujourd'hui encore
tu sauras me conduire par montagnes
et vallées,

à travers des terrains pierreux
et des torrents tumultueux,
jusqu'à ce que la nuit s'achève
et que l'aube offre son sourire.
Demain, ces visages d'anges
que j'ai aimés si longtemps
mais que j'ai perdus de vue
souriront à nouveau.

Guide-moi, brillante lumière,
emmène-moi là-devant. Amen.

45. La grâce de dialoguer

Seigneur Dieu, nous te louons et te glorifions pour la beauté de ce don qui se nomme *dialogue*. C'est un fils de prédilection de Dieu, parce qu'il est comme le courant mutuel qui jaillit sans cesse au sein de la Sainte Trinité.

Le dialogue dénoue les nœuds,
dissipe les suspicions,
ouvre les portes,
résout les conflits,
grandit la personne,
est lien d'unité
et «mère» de la fraternité.

Christ Jésus, noyau de la communauté évangélique, fais-nous comprendre que nos manques de compréhension sont presque toujours dus à un manque de dialogue.

Fais-nous comprendre que le dialogue n'est pas une discussion ni un combat d'idées, mais une recherche de la vérité entre deux ou plusieurs personnes. Fais-nous comprendre que nous avons besoin les uns des autres, et que nous nous complétons: nous avons quelque chose à donner, nous avons des manques à combler puisque je peux voir ce que les autres ne voient pas, et qu'ils peuvent voir ce que je ne vois pas.

Seigneur Jésus, quand la tension monte, donne-moi l'humilité pour ne pas vouloir imposer ma vérité en attaquant la vérité de mon frère; fais que je sache me taire au moment opportun; fais que je sache attendre que l'autre ait terminé d'exprimer complètement sa vérité.

Donne-moi la sagesse pour comprendre qu'aucun être humain n'est capable de capter totalement toute la vérité, et qu'il n'existe aucune erreur ni maladresse qui n'ait une part de vérité.

Donne-moi assez de bon sens pour reconnaître que je peux moi aussi me tromper sur un aspect ou l'autre de la vérité; que je me laisse enrichir par la vérité de l'autre. Donne-moi, enfin, la générosité de penser que l'autre aussi cherche honnêtement la vérité, et pour regarder sans préjugés et avec bienveillance les opinions des autres.

Seigneur Jésus, donne-nous la grâce de dialoguer. Amen.

46. Transfiguration

Seigneur, une fois de plus nous voilà
ensemble, unis.
Unis, toi et moi. Toi et mes frères et sœurs.
Ta vie a pénétré ma vie.
Mon histoire est si banale, si vide,
si médiocre.
Je n'ai même pas d'histoire.

Parfois je me demande
si ma vie a un sens.
Tant de vide, tant de complications,
tant d'infidélités!
Mais quand je suis avec toi,
c'est comme si l'enthousiasme et
l'énergie renaissaient, reprenaient vie.

Et aujourd'hui, avec mes frères
Pierre, Jacques et Jean, j'ai vu
ton visage transfiguré,
illuminé, resplendissant.
Toi, Seigneur Jésus, tu es le Dieu
de toute lumière.
Toi le Dieu de toute clarté et de toute beauté.

Il fait bon être à tes côtés,
il fait bon vivre avec toi.
Mais Seigneur, il vaut encore mieux
avoir la certitude que tu es avec moi
dans la vie,
par ta grâce, par ton amour.
Il fait bon avoir la certitude
que mon visage
doit aussi être un visage transfiguré,
illuminé, resplendissant,
dans la mesure
où tu me transformes.

Librement, allègrement,
avec joie je te supplie,
que je sois de plus en plus identifié à toi,
jusqu'au point de pouvoir dire
avec les apôtres:
«Comme nous sommes bien ici, Seigneur!»

47. La grâce de communiquer entre nous

Seigneur Jésus,
tu as appelé tes disciples «amis»
parce que tu leur as ouvert ton intimité.
Mais qu'il est difficile de s'ouvrir, Seigneur!
Comme il en coûte de déchirer le voile
de son propre mystère!
Que d'entraves s'interposent sur le chemin!
Mais je sais bien, Seigneur,
que sans communication
      il n'y a pas d'amour,
et que le mystère essentiel de la fraternité
consiste en ce jeu de s'ouvrir et de s'accueillir
      les uns les autres.

Fais-moi comprendre, Seigneur,
que j'ai été créé
non comme un être fini et fermé
mais comme un être en tension
et en mouvement
      vers les autres;
que je dois participer à la richesse des autres
et laisser les autres prendre part à ma richesse;
et que se fermer, c'est la mort,
que s'ouvrir est vie, liberté, maturité.

Seigneur Jésus Christ, roi de la fraternité,
donne-moi la conviction et le courage
de m'ouvrir aux autres;
enseigne-moi l'art de m'ouvrir.
Détruis en moi la timidité et la peur,
    les blocages et la réserve
qui font obstacle au courant
de la communication.
Donne-moi la générosité pour m'élancer
sans peur
dans ce jeu enrichissant d'ouverture
et d'accueil.

Donne-nous la grâce de la communication,
Seigneur Jésus.

VII. ACTION APOSTOLIQUE

48. À la lumière de ton visage

Seigneur Jésus,
que ta présence inonde tout mon être,
et que ton image se grave
en mon cœur,
pour que je puisse marcher
à la lumière de ta face,
penser comme tu pensais,
ressentir comme tu ressentais,
agir comme tu agissais,
parler comme tu parlais,
rêver comme tu rêvais,
et aimer comme tu aimais.

Que je puisse, comme toi,
ne pas m'occuper de moi-même
pour me préoccuper des autres;
être insensible à moi-même et sensible
envers les autres;
me sacrifier moi-même,
et être en même temps
encouragement et espérance pour les autres.

Que je puisse être, comme toi,
sensible et miséricordieux,
patient, doux et humble,
sincère et vrai.
Que tes préférés, les pauvres,
soient aussi mes préférés;
tes objectifs, mes objectifs.
Que ceux qui me voient te voient.
Et que je puisse devenir une transparence
de ton être et de ton amour. Ainsi soit-il.

49. Prière pour l'action

Seigneur, donne-nous la sagesse
qui juge d'en haut et qui voit loin.
Donne-nous l'esprit qui omet
l'insignifiant en faveur de l'essentiel.
Enseigne-nous à nous communiquer
la sérénité
devant la lutte et les obstacles,
et à avancer dans la foi sans agitation,
sur le chemin que tu nous as déjà tracé.
Donne-nous la paix
pour que nous puissions entrevoir
chaque chose dans une vision d'unité.

Aide-nous à accepter la critique
et la contradiction.

Fais que nous sachions éviter
le désordre et la dispersion.
Qu'avec toi nous aimions toutes choses.
Ô Dieu, fontaine de l'être, unis-nous à toi
et à tout ce qui converge
vers la joie et l'éternité. Amen.

50. Tu es avec nous

Tu es avec nous tous les jours
jusqu'à la fin du monde.

Tu es avec nous, toute-puissance divine,
avec notre fragilité.

Tu es avec nous, amour infini,
qui nous accompagnes sur notre chemin.

Tu es avec nous, protection souveraine
et garantie de triomphe dans la tentation.

Tu es avec nous, énergie qui soutient
notre générosité vacillante.

Tu es avec nous
dans nos luttes et nos échecs,
dans nos difficultés et nos épreuves.

Tu es avec nous
dans nos déceptions et nos anxiétés
pour nous redonner courage.

Tu es avec nous dans les tristesses
pour nous communiquer l'enthousiasme
de ta joie.

Tu es avec nous dans la solitude
comme compagnon qui ne manque jamais.

Tu es avec nous
dans notre mission apostolique
pour nous guider et nous soutenir.

Tu es avec nous
pour nous conduire au Père
sur le chemin de la sagesse
et de l'éternité. Amen.

51. Solidarité

Christ Jésus, toi qui le premier as vécu la
solidarité, renonçant aux splendeurs de la divinité, pour te rendre solidaire de l'homme,
pauvre pèlerin portant sa solitude, prenant
part à la caravane de l'existence humaine jusqu'en ses ultimes conséquences,

fais de moi un être solidaire des autres afin
de pouvoir
cheminer auprès de l'invalide,
donner la main à l'aveugle,

assister ceux qui meurent abandonnés dans les hôpitaux,

apprendre à lire et à écrire aux analphabètes,

offrir un coin de ma maison à ceux qui sont expulsés de leur logis, faute d'avoir
payé le loyer,

donner de l'aide à quiconque est dans un besoin extrême,

protester au nom de ceux qui ont été torturés ou immolés pour avoir défendu les opprimés,

m'enlever le pain de la bouche pour le donner à celui qui a faim et qui meurt sur le chemin,

participer aux funérailles de ceux qui sont morts dans des usines, sur les échafauds, dans tous lieux de travail, ou qui sont tombés dans la rue, criblés de balles par les agents de la répression,

me rendre suspect aux yeux de la police parce que j'ai haussé la voix en faveur des opprimés,

m'unir à la grande marche de ceux qui luttent pour les droits de la personne, pour l'union des travailleurs, pour de meilleurs salaires, pour la promotion de la sympathie fraternelle, de la justice et de la paix.

Tous ceux-là s'assoiront à ta droite, Seigneur, nimbés de l'auréole des béatitudes : les persécutés pour la justice, et ceux qui travaillent pour la paix.

52. Supplication

Donne-moi, Seigneur, la simplicité
d'un enfant
et la conscience d'un adulte.
Donne-moi, Seigneur, la prudence
d'un astronaute
et le courage d'un sauveteur.
Donne-moi, Seigneur, l'humilité
d'un balayeur de rues
et la patience d'un handicapé.
Donne-moi, Seigneur, l'idéalisme d'un jeune
et la sagesse d'un ancien.
Donne-moi, Seigneur, la disponibilité
du bon Samaritain
et la gratitude du nécessiteux.
Donne-moi, Seigneur, tout ce que je vois
de bien
dans mes frères et sœurs,
ceux que tu as comblés de tes dons.

Fais, Seigneur, que je sache imiter tes saints,
ou, mieux encore, que je sois comme tu veux

que je sois :
persévérant comme le pêcheur,
plein d'espérance
comme le chrétien.
Que je reste sur le chemin de ton Fils
et au service de mes frères et sœurs. Amen.

53. Générosité

Seigneur, enseigne-moi à être généreux,
à donner sans compter,
à rendre le bien pour le mal,
à servir sans attendre de récompense,
à m'approcher de celui qui m'attire moins,
à faire du bien à quiconque
ne peut me le rendre,
à aimer toujours gratuitement,
à travailler sans chercher le repos.

Et à ne tenir à rien d'autre qu'à donner,
à me donner en tout et toujours plus
à quiconque a besoin de moi,
n'espérant que de toi seul
la récompense.
Ou mieux : espérant que toi-même
sois ma récompense. Amen.

54. Où es-tu?

Je te supplie, Seigneur,
de pouvoir m'éveiller un jour
en entendant le chant des hommes
et des femmes
qui auront découvert l'amour.
Le jour où ils oublieront la haine,
les guerres, les races, les couleurs.

J'espère voir un jour le monde nouveau
retrouver sa foi en toi.
Car toi seul peux combler
le vide que le monde ressent.

Aussi je te cherche.
Où es-tu?
Où... où es-tu?
Lorsque la nuit tombe sur le monde,
je me dirige vers toi.
Mais les étoiles ne répondent pas
à mes interrogations.

Je sais que tu es dans mon frère.
Je sais que la voix de mes frères est la tienne.
Je sais que tu as toutes les couleurs de peau.
Je sais que tu parles toutes les langues
du monde.
Je sais que tu es en toutes les nations.

Je sais que ton nom n'a pas de limites
de temps ni d'espace.

Je t'ai cherché, et maintenant je sais
où tu es. Amen.

55. La grâce du travail

Depuis ta tendre enfance, Seigneur Jésus,
    dans un atelier d'artisan,
tu as gagné ton pain à la sueur de ton front.
Depuis ce temps le travail a acquis
une noblesse divine.

Par le travail, nous nous convertissons
en compagnons et collaborateurs de Dieu
et en artisans de notre histoire.
Le travail est une enclume où l'homme forge
sa maturité et sa grandeur,
la farine avec laquelle est façonné
le pain quotidien.

Que la matière, en passant
par les mains de l'homme,
se transforme en véhicule d'amour!

   Fais-moi comprendre, Seigneur, tout
l'amour que livrent ceux qui confectionnent
des abris, ceux qui sèment le blé, ceux qui
balaient les rues, construisent les maisons,

réparent les pannes, écoutent les problèmes ou simplement étudient pour le travail et le service à rendre demain.

Donne-nous, Seigneur, la grâce de t'offrir
    le travail quotidien
comme un geste liturgique,
comme une messe vivante
pour ta gloire et le service de nos frères.
Amen.

56. Parole et feu

Père, source de lumière et de chaleur, envoie-nous ta parole vivante; fais que nous l'acceptions sans peur et que nous acceptions d'être embrasés par elle.

Que vienne ta parole, Seigneur, et, une fois nos cœurs incendiés de ton feu inextinguible, nous serons les uns pour les autres porteurs de ce feu.

Transforme-nous, Seigneur, en paroles chaleureuses et lumineuses, capables d'incendier le monde, afin que chaque personne puisse se sentir entourée des flammes infinies de ton amour. Amen.

57. Nous te prions, Seigneur

Seigneur Dieu, nous te prions de bénir le travail honnête accompli dans les champs et les usines; dans les écoles, les bureaux et les magasins; en tout lieu où se déploie notre activité pour gagner le pain quotidien et assurer le développement des arts et des sciences.

Et puisque tu as commandé à l'homme de soumettre les forces de la création et de les dominer en maître, conduis-nous par la main, Seigneur, afin que nous utilisions les énergies naturelles, surtout celles sur lesquelles nous avons quelque pouvoir, pour le bien-être des peuples et non pour leur ruine, te rendant grâce à toi, Seigneur et créateur de toutes les forces de l'univers.

Et puisque tu nous as donné un si merveilleux pouvoir, fais que nous et tous les hommes, frères et sœurs, nous te reconnaissions en Jésus Christ, Seigneur et rédempteur de toute créature, et te servions avec un vif sentiment de responsabilité en chacune des actions que nous entreprenons.

Aie pitié des hommes et des femmes qui n'ont pas d'espérance, et de ceux qui ne connaissent, jour après jour, que la souffrance.

Seigneur, au moment de rentrer à la maison, nous te supplions, reste avec nous, par ta parole, par ta grâce et par la consolation de l'Esprit Saint. Au nom et par les mérites de Jésus Christ, sauveur et espérance du monde. Amen.

58. Option pour les pauvres

Seigneur Jésus, frère des pauvres,
devant l'éclat douteux des puissants
tu t'es dépouillé de ta puissance.

Depuis les hauteurs astrales de la divinité
tu t'es abaissé vers l'homme
jusqu'à en toucher l'abîme.
Richesse, tu t'es fait pauvreté.
Axe du monde,
tu t'es fait périphérie, marginalité, captivité.

Tu as laissé d'un côté les riches et les rassasiés
et tu as pris le flambeau
des opprimés et des oubliés,
et tu t'es mis de leur côté.
Levant haut la bannière de la miséricorde,
tu as marché à travers montagnes et vallées
à la recherche de la brebis blessée.

Tu as dit que les riches avaient déjà
leurs dieux
et que seuls les pauvres laissent
    libre place à l'émerveillement;
le soleil et le royaume,
le champ de blé et la récolte
leur appartiendront.
Bienheureux!

Il est temps de lever les tentes
et de nous mettre en route
pour arrêter le malheur et les sanglots,
les pleurs et les larmes,
pour briser les chaînes
et soutenir le combat pour la dignité,
pour que vienne enfin l'aube de la libération
alors que les épées seront enterrées
dans la terre germinatrice.

Il y a beaucoup de pauvres, Seigneur;
ils sont légion.
Leur clameur fait irruption, croît, impétueuse
et parfois menaçante
comme une tempête qui approche.

Donne-nous, Seigneur Jésus,
ton cœur sensible
    et audacieux;
libère-nous de l'indifférence et de la passivité;
rends-nous capables de nous compromettre

et de prendre position, nous aussi,
pour les pauvres et les abandonnés.

Il est temps de brandir les étendards
de la justice et de la paix
et de nous engager à fond dans les foules
entre tensions et conflits,
et de défier le matérialisme avec
des solutions de rechange.
Donne-nous, roi des pauvres,
la sagesse pour tisser une unique guirlande
avec ces deux fleurs rouges :
la contemplation et le combat.
Et donne à tous les pauvres la couronne
de la béatitude. Amen.

59. Pour servir

Ô Christ, pour mieux te servir
donne-moi un cœur noble.
Un cœur fort
pour aspirer aux idéaux élevés
et non aux options médiocres.

Un cœur généreux au travail,
ne voyant pas celui-ci uniquement
comme une contrainte imposée
mais plutôt une mission que tu me confies.

Un cœur grand dans la souffrance,
vaillant soldat devant ma propre croix,
aidant les autres à porter la leur.

Un cœur grand pour le monde,
compréhensif devant ses fragilités
mais immunisé contre ses maximes
et ses séductions.

Un cœur grand envers les hommes et les femmes,
loyal et attentif envers tous,
mais spécialement serviable et dévoué
envers les petits et les humbles.

Un cœur jamais centré sur soi,
toujours appuyé sur toi,
heureux de te servir et de servir mes frères
et mes sœurs,
ô mon Seigneur,
tous les jours de ma vie. Amen.

VIII. MARIE

60. Dame du silence

Mère du silence et de l'humilité,
tu vis perdue et retrouvée
dans le mystère du Seigneur.

Tu es disponibilité et réceptivité.
Tu es fécondité et plénitude.
Tu es attention et sollicitude envers tous.
Tu es revêtue de force.

En toi resplendissent la maturité humaine
et la sublimité spirituelle.
Tu es maîtresse de toi-même
avant d'être notre maîtresse.

Il n'y a en toi aucune dispersion.
En un acte simple et total,
ton âme, tout immobile,
est identifiée au Seigneur.
Tu es au-dedans de Dieu et Dieu
au-dedans de toi.
Le mystère total t'enveloppe et te pénètre,
te possède, t'occupe et intègre tout ton être.

Il semble que tout soit resté immobilisé en toi,
que tout se soit identifié à toi :
le temps, l'espace, la parole,
la musique, le silence, la femme, Dieu.
Tout est demeuré assumé en toi et divinisé.

Jamais on n'a vu image humaine
si douce,
ni ne reverra-t-on sur terre
une femme si ineffablement évocatrice.

Cependant, ton silence n'est pas une absence
mais plutôt une présence.
Tu es cachée dans le Seigneur,
et en même temps,
attentive à l'autre, comme à Cana.

Jamais la communication n'est aussi profonde
que lorsque tu ne dis rien,
et jamais le silence n'est aussi éloquent
que lorsque nul mot n'est dit.

Fais-nous comprendre
que le silence
n'est pas désintérêt pour les frères
mais source d'énergie et irradiation ;
il n'est pas repliement mais déploiement,
et pour se déverser,
il est nécessaire de s'emplir.

Le monde se noie
dans la mer de la dispersion,

et il n'est pas possible d'aimer ses frères
avec un cœur dispersé.
Fais-nous comprendre que l'apostolat
sans silence
est aliénation;
et que le silence
sans apostolat
est égoïsme.

Enveloppe-nous du manteau de ton silence,
et communique-nous la force de ta foi,
la hauteur de ton espérance,
et la profondeur de ton amour.

Reste avec ceux qui restent,
et viens avec nous qui allons.

Ô Mère admirable du silence!

61. Supplication dans la fatigue

Mère, j'arrive du tumulte de la vie. La fatigue envahit tout mon corps, et surtout mon âme.

Il est si difficile d'accepter avec paix tout ce qui arrive autour de soi au long d'une journée de travail et de lutte... Les choses dans lesquelles nous avions mis tant d'espoir nous déçoivent. Les personnes que nous désirons traiter avec bonté nous repoussent. Et les autres auxquelles nous avons recours par nécessité essaient d'en tirer profit.

Pour cela, je viens à toi, Mère, parce qu'au fond de moi vit un enfant qui manque de sécurité. Mais près de toi je me sens fort et plein de confiance. La seule pensée d'avoir une mère comme toi me donne courage. Je me sens soutenu par ton bras et guidé par ta main. De cette façon je peux, tranquillement, reprendre la route.

Renouvelle-moi complètement pour que je réussisse à voir la beauté de la vie. Soulève-moi pour que je puisse marcher sans peur. Donne-moi la main pour que je trouve toujours mon chemin. Donne-moi ta bénédiction afin que ma présence soit, au milieu du monde, un signe de ta bénédiction. Amen.

62. Dame de la Pâque

Dame de la Pâque,
Dame du vendredi et du dimanche,
Dame de la nuit et du matin,
Dame du silence et de la croix,
Dame de l'amour et du don,
Dame de la parole reçue

et de la parole engagée,
Dame de la paix et de l'espérance.
Dame de tous les départs,
parce que tu es la Dame
du «passage» ou de la «pâque», écoute-nous.

Nous avons beaucoup de mercis à te dire,
des mercis, notre Dame, pour ton «fiat»,
pour ta complète disponibilité de servante,
pour ta pauvreté et ton silence,
pour la douleur de tes sept glaives,
pour la joie de tous tes départs
qui ont porté la paix à tant d'âmes.
Merci
parce que tu es demeurée avec nous
malgré le temps et les distances.

Notre Dame de la réconciliation,
image et «principe» de l'Église,
nous déposons aujourd'hui en ton cœur
silencieux et disponible,
cette Église pérégrinante de la Pâque.

Une Église essentiellement missionnaire,
ferment et âme de la société
dans laquelle nous vivons,
une Église prophétique, annonce
du royaume qui est déjà là.

Une Église de témoins authentiques,
insérée dans l'histoire des hommes,

comme présence salvatrice du Seigneur,
fontaine de paix, de joie et d'espérance. Amen.

63. Louange à Dieu

Toi seul es saint, Seigneur Dieu,
toi qui fais des merveilles.
Tu es fort, tu es grand,
tu es le Très-haut,
tu es le bien, tout bien, le Bien suprême,
Seigneur Dieu, vivant et vrai.
Tu es charité et amour, tu es sagesse.
Tu es humilité, tu es patience,
tu es sécurité,
tu es quiétude, tu es bien-être,
tu es joie,
tu es beauté, tu es mansuétude.
Tu es notre protecteur,
notre gardien et défenseur.
Tu es notre force et notre espérance.
Tu es notre douceur.
Tu es notre vie éternelle,
grand et admirable Seigneur.

64. Nouveau psaume
de la création

Permets-nous de te louer, ô Dieu,
dans tous les mondes que tu as créés.

Permets-nous de te louer
dans les hauteurs où habitent les anges.

Permets-nous de te louer
dans les profondeurs
du feu étincelant des astres.

Permets-nous de te louer, ô notre Dieu,
au pied de l'ange qui ferme les portes de
l'enfer.

Permets-nous de te louer, ô Dieu,
avec les oiseaux qui gazouillent,
multicolores et bruyants,
et qui réjouissent la vue et l'ouïe.

Permets-nous de te louer, ô Dieu,
pour les nids dans les arbres,
où les oisillons lèvent
leur cou dénudé
vers leur mère qui leur apporte le repas.

Permets-nous de te louer, ô Dieu,
avec les oiseaux puissants,
qui volent au-dessus

des eaux de la mer,
et élèvent leur vol
jusqu'aux pics des neiges éternelles.

Permets-nous de te louer, ô Dieu,
pour les animaux de la terre,
grands et petits, pleins de tendresse
ou pleins de force indomptable.
Ne les arrache pas de ce monde
mais donne-leur de vivre.
Et que viennent de nouvelles générations
qui, à leur tour, te loueront.

Permets-nous de te louer,
ô Dieu un et trine,
pour les animaux de la terre
aux pieds agiles,
et si beaux à voir.
Ne les laisse pas périr
à cause des animaux
grands et puissants qui les écrasent tous.
Car le gros animal
a aussi un cœur,
et des petits à protéger.

Permets-nous de te louer
dans toute la rondeur de la terre,
pour tout ce qui vole et qui court,
nage et s'élève des profondeurs.

Tout t'appartient:
c'est ton doigt qui répand partout
la beauté
dans les plumes multicolores;
qui met la force dans les ailes
et dans les griffes.

Ton amour est partout
insondable et impénétrable.
Partout naissent de petits animaux,
désarmés et aveugles,
qui cherchent le lait de leur mère.

Béni sois-tu, Dieu un et trine,
pour les admirables roches
des montagnes et des glaciers.

Béni sois-tu pour les cascades
et les rivières tumultueuses,
pour les eaux tranquilles,
profondes et silencieuses.
Sois loué avec beaucoup d'affection
par les petites sources
qui donnent l'eau où vivent les poissons.

Loué sois-tu, mon Dieu,
pour les tempêtes
sur la terre et sur la mer,
pour les tempêtes de sable
sur les déserts.

Loué sois-tu, Dieu glorieux,
pour la splendeur de millions
de fleurs parfumées aux formes délicates;
cette floraison ne cesse jamais
et elle ne sera jamais annihilée.
Et même si tu envoies un désastre
sur un pays, il ne dure pas longtemps;
et un nouveau printemps surgit;
et une nouvelle magnificence
règne sur toute la terre.

Permets-nous de te louer, ô Dieu,
pour tes anges.
Ils sont puissants et admirables.
Ils sont serviteurs de ta volonté,
ils combattent pour ta parole,
et se soumettent humblement à tes ordres.

Prodigieux et éternel est ton saint désir
d'élever l'homme de plus en plus.
Et même s'il tombe,
s'il s'agenouille devant toi
comme un fils prodigue,
tu t'inclines vers lui
avec patience et bonté,
lui disant: Viens, fils,
retourne à l'innocence originelle,
et je t'accueillerai comme un père
accueille son fils.

Ta patience envers les hommes
est immensément grande,
ô Dieu éternel et admirable.

Cependant, l'homme ne la voit pas;
il envahit les champs, piétine les fleurs,
chasse les oiseaux et détruit leurs nids.

Un homme lutte contre un autre,
le réduit à l'esclavage,
le met en prison
et le condamne à mort.

Nul n'a autant de patience que toi,
mon Dieu, et jamais ne cessera sur la terre
la louange éternelle à toi adressée.
Permets-nous de t'adorer, éternellement.
Fais que de la terre
monte une louange sans fin.
D'aussi loin que nous puissions voir
tout est à toi, tout t'appartient,
ta main repose sur toute créature.

Sois glorifié et loué,
ô Dieu trois fois saint,
en chaque cœur que tu as créé pour ta gloire.
Tu veux être éternellement avec nous,
ô Dieu trois fois saint.

   Toi, trois fois saint, admirable,
   toi, notre béatitude,
   ô trois fois saint,

trois fois admirable,
trois fois divin, ineffable Dieu. Amen.

65. Face à face

Jour après jour, Seigneur de ma vie,
que je demeure devant toi,
face à face.
Mains jointes, je resterai devant toi,
Seigneur de tous les mondes,
face à face.

Dans ce monde qui est tien,
au milieu des fatigues,
du tumulte, des luttes,
de l'agitation des foules,
il me faut demeurer devant toi,
face à face.

Et lorsque ma tâche en ce monde
sera achevée,
ô Roi des rois, seul et en silence
je me tiendrai devant toi,
face à face.

POUR PRIER

I. EXERCICES PRÉLIMINAIRES

Plusieurs personnes n'avancent pas sur la voie de l'oraison parce qu'elles ne prennent pas soin de la préparer.

À certains moments, lorsque tu voudras prier, tu te sentiras serein. En ce cas il n'est pas nécessaire de faire des exercices préparatoires. Sans plus, concentre-toi, invoque l'Esprit Saint, et prie.

D'autres fois, au début de l'oraison, tu te sentiras si agité et dispersé que si tu ne calmes pas d'abord tes nerfs, tu ne retireras aucun fruit.

Il peut aussi se passer autre chose: après plusieurs minutes d'oraison savoureuse, tout à coup tu te sens envahi de tensions et de préoccupations. Si à ce moment-là tu ne fais pas quelques exercices de relaxation, non seulement tu perdras ton temps, mais ce temps même t'enlèvera la paix et ne sera pas productif.

Je te livre donc quelques exercices très simples. Il dépend de toi de choisir ceux qui te conviennent, le moment et le temps à y consacrer, selon le besoin et les circonstances.

Lorsque tu veux prier, prends toujours une position corporelle correcte, tête et tronc droits. Assure-toi de bien respirer. Décontracte les tensions nerveuses, laisse tomber les souvenirs et les images, fais autour de toi le vide, le silence. Concentre-toi. Mets-toi en présence de Dieu, invoque l'Esprit Saint et commence à prier. Il suffit de quatre ou cinq minutes quand tu es normalement serein.

Relaxation corporelle. Paisible, concentré, relâche un à un les bras et les jambes (comme si tu t'étirais, contractant et décontractant les muscles), et prends conscience des énergies qui se libèrent. Détends tes épaules de la même manière. Détends les muscles du visage et du front. Détends les yeux (en les fermant). Détends les muscles et les nerfs du cou, de la nuque en balançant la tête d'avant en arrière; ensuite, tourne-la lentement d'un côté à l'autre, concentre-toi, prends conscience des muscles et des nerfs qui se décontractent. Fais cet exercice pendant environ dix minutes.

Relaxation mentale. Concentre-toi tranquillement et répète le mot *paix* à voix douce (si possible, lorsque tu expires), et rends-toi compte de la sensation calmante de paix qui inonde d'abord ton cerveau (quelques minutes, sentir comment se détend le cerveau); et ensuite parcours tout ton organisme de façon ordonnée en continuant à prononcer le mot *paix*; laisse inonder chaque membre et chaque organe d'une sensation délicieuse et profonde de paix.

Ensuite, refais le même exercice avec le mot *rien,* et rends-toi compte de la sensation de *vide-rien,* en commençant par la tête et en descendant dans tout l'organisme jusqu'à ce qu'un sentiment général de repos et de silence envahisse tout ton être. Consacre à cet exercice de dix à quinze minutes.

Concentration. Sans tension, sois très attentif au mouvement de tes poumons (le sentir et le suivre simplement, sans penser à rien). Environ cinq minutes.

Ensuite, reste tranquille, silencieux et attentif; laisse venir et s'éloigner tous les bruits, lointains, proches, forts ou doux. Environ cinq minutes.

Après cela, avec beaucoup de calme et d'attention, prends les battements de ton cœur, et concentre-toi simplement sur ton pouls, sans penser à rien. Environ cinq minutes.

Respiration. Reste tranquille et au repos. Fais attention à ce que tu fais, inspire lentement par le nez jusqu'à remplir complètement les poumons, et expire par la bouche entrouverte et le nez jusqu'à ce que l'air soit complètement expulsé. En bref, une respiration calme, lente et profonde.

La respiration la plus relaxante est la respiration abdominale: on emplit ses poumons en même temps que s'emplit (se gonfle) l'abdomen; on vide ses poumons, et en même temps se vide (se dégonfle) l'abdomen. Tout en même temps. Ne force rien: au début, environ dix respirations. Avec le temps tu pourras en augmenter le nombre.

Adulte, fais ces exercices en toute liberté et flexibilité en ce qui concerne le temps, le moment opportun, etc.

Au début, il se peut que tu ne ressentes pas d'effets sensibles. Petit à petit ça s'améliorera. Parfois les effets seront étonnamment positifs. À d'autres moments, le contraire se produira. La nature est ainsi imprévisible.

Certains disent que l'oraison est une grâce, qu'elle ne dépend ni de méthodes ni d'exercices. Parler ainsi est une grave erreur. La vie avec Dieu est une convergence entre la grâce et la nature. L'oraison est grâce, oui; mais elle est aussi un art, et comme tel, exige un apprentissage, une méthode et une pédagogie. Si plusieurs personnes stagnent dans une médiocrité spirituelle, ce n'est pas parce que la grâce manque, mais parce que manquent l'ordre, la discipline et la patience; en un mot, parce que la nature échoue.

II. ORIENTATIONS PRATIQUES

1. Lorsque tu pries, si tu sens venir le sommeil, mets-toi debout, corps droit, pieds joints.

2. Lorsque tu sens la sécheresse ou l'aridité, pense que ce peut être soit une épreuve divine, soit une manifestation de la nature. Ne t'efforce pas de *sentir*. Fais-toi accompagner des trois anges : *Patience* : accepte avec paix ce que tu ne peux résoudre. *Persévérance* : continue de prier même si tu ne sens rien. *Espérance* : tout passe; demain sera meilleur.

3. N'oublie jamais que la vie avec Dieu est *une vie de foi.* Et la foi n'est pas sentir, mais *savoir.* Ce n'est pas une émotion, mais une conviction. Ce n'est pas une évidence, mais une certitude.

4. Pour prier il te faut une méthode, de l'ordre, de la discipline, mais aussi de la souplesse, parce que l'Esprit Saint peut souffler au moment le plus inattendu. Certains restent sur place lorsqu'ils prient parce qu'ils n'ont pas de méthode. Celui qui prie de façon quelconque devient un être quelconque.

5. Illusion, non; espérance, oui. L'illusion disparaît; l'espérance dure. Effort, oui; violence, non. Les efforts pour ressentir la dévotion produisent la fatigue mentale et découragent.

6. Pense que Dieu est gratuité. Pour cette raison, sa pédagogie envers nous est déconcertante; c'est ce qui explique que dans l'oraison il n'y a pas de logique humaine: tels efforts produisant tels résultats; telle action, telle réaction; telle cause, tel effet. Au contraire, il n'y aura normalement pas de proportion entre tes efforts dans l'oraison et les «résultats». Sache qu'il en est ainsi, et accepte-le avec paix.

7. L'oraison est relation avec Dieu. Relation veut dire mouvement des énergies mentales, mouvement d'adhésion à Dieu. Il est donc normal que l'âme ressente de l'émotion ou de l'enthousiasme. Mais attention! il est indispensable que cet état émotif demeure sous l'emprise du calme et de la sérénité.

8. Durant l'activité orante, la visite divine peut se produire à n'importe quel moment: au début, au milieu ou à la fin; en tout temps ou en aucun temps. En ce dernier cas, fais attention pour ne pas te laisser emporter par le découragement et l'impatience. Au contraire,

détends tes nerfs, abandonne-toi, et continue de prier.

9. Ne te fâche pas si ton oraison ne paraît pas avoir de résultats dans ta vie. Pour déverser la force de l'oraison dans ta vie, *premièrement* : synthétise l'oraison du matin en une phrase simple (par exemple : «Que ferait Jésus à ma place?»), et rappelle-la-toi à chaque nouvelle circonstance de la journée. Et *deuxièmement* : lorsque surgit une contrariété ou une forte épreuve, réveille en toi la conscience que tu dois ressentir, réagir et agir comme Jésus.

10. Ne prétends pas changer ta vie; il suffit que tu t'améliores. Ne cherche pas à être humble; il suffit que tu poses des actes d'humilité. Ne prétends pas être vertueux : il suffit que tu poses des gestes de vertu. Être vertueux signifie agir comme Jésus.

Ne t'effraie pas des chutes. Succomber signifie agir d'après tes côtés négatifs. Lorsque tu te négliges ou que tu es surpris, tu réagis selon tes impulsions négatives. C'est normal. Prends patience. Lorsque l'occasion se présente, applique-toi à ne pas te laisser prendre à l'improviste, mais bien éveillé, et tente d'agir selon les impulsions de Jésus.

11. Prends conscience que tu peux très peu par toi-même. Je te le dis afin de t'encourager, pour que tu ne perdes pas courage lorsque viennent les chutes. Pense que la croissance en Dieu est extrêmement lente et parsemée de marches arrière. Accepte ces faits avec paix. Après chaque chute, relève-toi et marche.

12. La sainteté, c'est être avec le Seigneur, et à force d'y être, son visage se grave dans l'âme; et ensuite, c'est marcher à la lumière de ce visage. Voilà en quoi consiste la sainteté.

13. Pour faire les premiers pas dans l'union à Dieu, tu peux utiliser les moyens qui t'offrent un appui pour la marche : les numéros 1, 2 et 3 ci-après.

Dans les pires moments de dispersion ou d'aridité, ne perds pas ton temps; tu pourrais toujours prier avec les moyens *oraison écrite, oraison auditive, lecture priée,* décrits plus bas.

III. MOYENS

1. Lecture priée

Tu prends une prière écrite, par exemple un psaume ou n'importe quelle autre prière. Mais attention. Il ne s'agit pas de la lecture d'un chapitre de la Bible ou d'un thème de réflexion, mais d'une prière.

Prends une position corporelle et une attitude intérieure de prière. Fais le calme et invoque l'Esprit Saint.

Commence à lire lentement la prière. Très lentement. En la lisant, essaie de *vivre* ce que tu lis. Je veux dire, essaie d'*assumer* ce que tu lis, de le dire avec tout ton cœur, faisant «tiennes» les phrases lues, appliquant ton attention au contenu ou au sens des phrases.

Si tu rencontres une expression qui «te dit» beaucoup, arrête-toi tout de suite. Répète-la plusieurs fois, t'unissant par elle au Seigneur, jusqu'à ce que soit épuisée la richesse de la phrase, ou jusqu'à ce que son contenu inonde ton âme. Pense que Dieu est comme l'autre rive: pour rejoindre cette rive il ne faut pas plusieurs ponts; il suffit d'un pont, d'une seule phrase pour demeurer reliés.

Si ceci ne fonctionne pas, continue à lire très lentement, assimilant en ton cœur le sens de ce que tu lis. Arrête-toi de temps à autre. Reviens pour répéter et revivre les expressions les plus significatives.

Si à un moment donné il te semble que tu peux abandonner le soutien de la lecture, laisse de côté la prière écrite et permets à l'Esprit Saint de se manifester au-dedans de toi par des expressions spontanées et inspirées.

Ce moyen, facile et toujours efficace, est une aide particulière aux premiers pas, pour les temps de sécheresse ou d'aridité, ou simplement les jours où rien ne se passe à cause de la dispersion mentale ou de l'agitation du quotidien.

2. Lecture méditée

Il faut choisir avec beaucoup de soin un livre qui ne disperse pas mais qui concentre, préférablement la Bible. Il convient que tu en aies une connaissance personnelle, sachant trouver les thèmes qui te parlent beaucoup; par exemple, à propos de la consolation, de l'espérance, de la patience... pour choisir la matière dont ton âme a besoin ce jour-là. On peut aussi suivre l'ordre liturgique au moyen des textes que la liturgie nous présente chaque jour.

En principe, le système d'ouvrir la Bible au hasard n'est pas recommandable, sinon en de très rares occasions. De toute façon, il convient de savoir, avant de commencer la lecture méditée, quel thème tu vas méditer et en quel passage de la Bible il se trouve.

Prends la position qui convient. Demande l'assistance de l'Esprit Saint et pacifie-toi.

Commence à lire lentement, très lentement. Et pendant que tu lis, essaie de *comprendre* ce que tu as lu; le sens direct de la phrase, son contexte, et l'intention de l'auteur sacré. C'est ici que réside la différence entre la lecture priée et la lecture méditée : dans la lecture priée *on assume et on vit* ce qu'on lit (fondamentalement, c'est l'œuvre du cœur) et dans la lecture méditée il s'agit de *comprendre* ce qui est lu (activité intellectuelle, d'abord, qui s'applique à des concepts : on les explique, on les applique, les opposant l'un à l'autre pour approfondir la vie divine, les jugements de valeur; en somme, pour acquérir une mentalité chrétienne).

Continue à lire lentement, comprends ce que tu lis.

Si une idée t'interpelle fortement, ne va pas plus loin. Ferme le livre. Tourne et retourne cette idée dans ton esprit, soupèse-la. Applique-la à ta vie. Tire des conclusions.

Si ça ne réussit pas (ou après avoir réussi), continue ta lecture calmement, en te concentrant tranquillement.

S'il surgit un passage que tu ne comprends pas, reviens en arrière; fais une lecture plus ample pour te remettre dans le contexte; et essaie de le comprendre dans ce contexte.

Continue à lire lentement et attentivement.

Si à un moment donné ton cœur s'émeut et qu'alors tu sens le besoin de louer, de rendre grâce, de supplier..., fais-le librement.

Si rien ne se passe, continue à lire lentement, comprenant et examinant ce que tu lis.

Il est normal et il convient que la lecture méditée s'achève en oraison. Fais de même.

Il faut désirer que la lecture méditée se concrétise en critères pratiques appliqués dans ton programme de vie.

Il est à conseiller fortement que durant la méditation l'on tienne toujours un livre en main, en particulier la Bible. Autrement on perd beaucoup de temps. Il n'est pas nécessaire de lire tout le temps. Sainte Thérèse, durant quatorze années, ne pouvait pas du tout méditer si elle n'avait pas un livre en main.

3. Petit principe pédagogique pour méditer et vivre la Parole

a. Fais une lecture lente, très lente, avec des pauses fréquentes.

b. Tiens ton âme vide, ouverte et pleine d'espérance.

c. Fais une lecture détachée, sans chercher quelque chose de précis (une doctrine, des vérités...)

d. Lis en «écoutant» (le Seigneur) d'âme à âme, de personne à personne, attentivement, mais avec une attention «passive», sans anxiété.

e. Ne fais pas d'efforts pour *comprendre* intellectuellement ou littéralement, ne te préoccupe pas de découvrir «ce que ça veut dire», mais plutôt, «ce que me dit le Seigneur à travers cela». Ne t'arrête pas sur des phrases détachées que tu ne comprends peut-être pas, mais laisse-les, sans chercher à tout comprendre littéralement.

f. Souligne les expressions qui t'ont beaucoup touché, et écris dans la marge une parole qui synthétise cette forte impression.

g. Enlève le nom propre qui apparaît (par exemple, Israël, Jacob, Samuel, Moïse, Timothée...) et substitue ton propre nom, et sens que Dieu t'appelle par ton nom.

h. Si la lecture ne «te dit» rien, reste tranquille et en paix; il se peut très bien qu'un autre jour elle «te dise» beaucoup; derrière notre travail il y a, ou il n'y a pas, la grâce. L'heure de Dieu n'est pas notre heure. Il faut toujours être très patient dans les choses de Dieu.

i. Ne te bats pas pour atteindre et posséder exactement le sens doctrinal de la parole, mais fais plutôt comme Marie, médite-la dans ton esprit et ton cœur, laisse-toi remplir et imprégner des vibrations et des résonances du cœur de Dieu, et «conserve» la parole, c'est-à-dire que ces résonances continuent en toi tout au long du jour.

j. Lorsque tu lis un psaume, «imagine» ce que pouvait ressentir Jésus (ou Marie) lorsqu'il prononçait les mêmes mots; mets-toi mentalement dans le cœur de Jésus Christ et, de là, dirige vers Dieu ces paroles «à la place de Jésus», prie-les avec son esprit, avec ses dispositions intérieures, avec ses sentiments.

k. Fais en sorte d'appliquer fréquemment dans ta vie la parole méditée: pense aux sentiments et aux critères enfermés dans la parole (l'*esprit* de Dieu), lesquels doivent influencer et transformer notre mode de penser et d'agir, parce que la parole doit interpeller et remettre en question la vie du croyant. De cette façon les critères de Dieu deviendront nos critères jusqu'à nous transformer en vrais disciples du Seigneur.

l. En résumé: lire, savourer, ruminer, méditer, appliquer.

4. Exercice auditif

Prends une expression forte qui te comble (par exemple, «mon Dieu et mon tout») ou simplement un mot (par exemple, «Jésus», «Seigneur», «Père»).

Commence à la dire avec calme et concentration, d'une voix douce, chaque dix ou quinze secondes.

En la prononçant, essaie d'assumer de façon vécue le contenu de la parole prononcée. Prends conscience que le contenu est le Seigneur lui-même.

Commence à percevoir comment la «présence» ou la «substance» contenue dans cette expression inonde ton être tout entier lentement et doucement, imprégnant tes énergies mentales.

Espace peu à peu les répétitions, laissant de plus en plus de place au silence.

Tu dois toujours prononcer la même expression.

Variante: Quand nous inspirons, le corps est tendu parce que les poumons se remplissent. Au contraire, lorsque nous expirons (que nous expulsons l'air des poumons) le corps se relâche, se détend.

Dans cette variante, profitons de la phase de l'expiration (moment naturel de repos) pour prononcer ces expressions. De cette façon, le corps et l'âme entrent en harmonie. La concentration est plus facile parce que la respiration et l'irrigation sont excellentes. Et ainsi, les résultats sont extrêmement bénéfiques, tant pour l'âme que pour le corps.

5. Oraison écrite

Il s'agit d'écrire ce que celui qui prie désire dire au Seigneur.

En certains moments d'urgence, il se peut que ce soit l'unique façon de prier; en particulier, en temps de très grande sécheresse ou de dispersion aiguë, lorsque l'on se sent désespéré à cause de grandes contrariétés.

Ce moyen a l'avantage de concentrer beaucoup l'attention; et aussi l'avantage que l'écrit peut servir plus tard pour prier.

6. Exercice visuel

Choisis une image expressive, par exemple une icône de Jésus ou de Marie, ou un autre sujet qui imprime un fort sentiment de paix, de douceur, de force... L'important est que cette image te parle beaucoup.

Prends d'abord l'image dans ta main, et après t'être calmé et avoir invoqué l'Esprit Saint, reste tranquille, regardant simplement l'image, globalement, puis en chacun de ses détails.

Deuxièmement, saisis intuitivement, avec attention et sérénité, les impressions que cette image évoque pour toi. Ce qu'évoque en toi cette image.

Troisièmement, avec grand calme, mets-toi mentalement dans cette image, comme si tu étais toi-même cette image, ou te mettant à l'intérieur d'elle. Avec respect et paisiblement, fais «tiennes» les impressions que la figure éveille en toi. Et ainsi identifié mentalement à cette figure, demeure un bon moment, imprégnant toute ton âme des sentiments de Jésus que l'icône exprime. C'est de cette façon que l'âme se revêt de la figure de Jésus et participe à sa disposition intérieure.

Finalement, dans cet état intérieur, transfère-toi mentalement dans la vie, imagine des situations difficiles et surmonte-les avec les sentiments de Jésus. Et ainsi sois une photographie de Jésus dans le monde.

Ce moyen se prête particulièrement bien aux personnes qui ont une vive imagination.

7.   Oraison d'abandon

C'est l'oraison (et l'attitude) la plus authentiquement évangélique. La plus libératrice. La plus pacifiante. Il n'y a pas d'anesthésie qui adoucisse tant les peines de la vie qu'un «je m'abandonne à toi».

On conseille d'apprendre par cœur la prière numéro 35 de ce recueil pour la prier à la façon d'un *Notre Père* quand on achoppe à chaque pas sur de petites ou de grandes contrariétés.

Mets-toi en présence du Père, qui dispose de tout ou permet tout, dans une attitude de remise de soi. Tu peux utiliser la prière numéro 35 ou une autre formule plus simple comme : *que ta volonté soit faite,* ou bien, *je me remets entre tes mains.*

Il te faut, comme disposition inconditionnelle, réduire au silence ton esprit qui tend à se rebeller. L'abandon est un hommage de silence dans la foi.

Dépose en silence, au moyen d'une formule, tout ce qui te pèse: tes parents, ton apparence physique, les maladies, l'anxiété, les impuissances et les limites, les traits négatifs de ta personnalité, les personnes autour de toi qui te déplaisent, les événements de ton histoire qui te blessent, les souvenirs douloureux, les échecs, les erreurs...

Il se peut qu'en te les remémorant, ces faits te fassent mal. Mais si tu les remets entre les mains du Père, la paix viendra sur toi.

8. Exercice d'accueil

De la même manière que le «je» sort et se fixe dans le TU (cf. l'exercice *Départ et quiétude*, nº 9), dans cet exercice d'*accueil*, je demeure silencieux et réceptif, et le TU vient à moi et j'accueille avec joie sa venue. Il convient de faire cet exercice avec Jésus ressuscité.

Nous utilisons le verbe *sentir*. Sentir non pas dans le sens de s'émouvoir, mais de percevoir. On peut sentir tant de choses sans s'émouvoir. Je sens que le sol est froid, je sens un mal de tête, je sens qu'il fait chaud, je sens de la tristesse.

Aide-toi de certaines expressions (que je t'indiquerai à la fin), commence à accueillir, dans la foi, Jésus ressuscité et «ressusciteur» qui vient à toi. Laisse l'esprit de Jésus entrer en toi et inonder tout ton être. Sens que la présence ressuscitée de Jésus vient jusqu'aux derniers recoins de ton âme pendant que tu prononces ces expressions. Sens combien cette présence prend pleine possession de ce que tu es, de ce que tu penses, de ce que tu fais; sens comment Jésus assume le plus intime de ton cœur. Dans la foi, accueille-le sans réserve, avec joie.

Dans la foi, sens comment Jésus touche cette blessure qui te fait souffrir; comment Jésus arrache l'épine de cette angoisse qui t'opprime; comment il soulage tes peurs, il te libère de tes rancœurs. Il faut prendre conscience que ces sensations sont ressenties généralement au creux de l'estomac comme une épée qui transperce. C'est la raison pour laquelle on parle d'un glaive de douleur.

Ensuite plonge dans la vie. Accompagné de Jésus et revêtu de lui, promène-toi mentalement dans les lieux où tu vis, où tu travailles. Présente-toi devant telle personne avec laquelle tu as des conflits. Imagine-toi comment Jésus la regarderait. Regarde-la avec les yeux de Jésus. Quelle serait la sérénité de Jésus s'il avait à faire face à tel conflit, telle situation? que dirait-il à cette personne, comment la servirait-il dans tel besoin? Imagine toutes sortes de situations, même les plus difficiles, et laisse Jésus agir à travers toi: regarde avec les yeux de Jésus, parle par sa bouche, aie l'air de lui. Ce ne sera pas toi qui vivras, mais Jésus en toi.

C'est là un exercice transformant, christifiant.

Prends une position de prière. De même que dans l'exercice *Départ et quiétude,* après avoir prononcé et vécu la phrase, reste un moment tranquille et en silence, permettant que la vie de la phrase résonne et remplisse toute ton âme.

Jésus, entre en moi.
Prends possession de tout mon être.
Prends-moi avec tout ce que je suis,
ce que je pense, ce que je fais.

Prends le plus intime de mon cœur.
Guéris cette blessure qui me fait si mal.
Enlève l'épine de cette angoisse.
Retire de moi ces peurs,
ces rancœurs, ces tentations...

Jésus, que veux-tu de moi?
Comment regarderais-tu telle personne?
Quelle serait ton attitude en telle difficulté?
Comment te comporterais-tu
en telle situation?
Que ceux qui me voient te voient, Jésus.
Transforme tout mon être en toi.
Que je sois une vivante transparence
de ta personne.

Cet exercice doit durer de quarante-cinq
à cinquante minutes.

9. Départ et quiétude

Dans cet exercice on prononce mentalement
ou à voix basse une expression (que je signale-
rai plus loin).

Appuyé sur la phrase, le «je» sort vers le
TU. En assumant et en vivant ce que signifie la
phrase, celle-ci capte ton attention, la trans-
porte et la dépose en un TU. Il y a donc un

mouvement, ou un départ. Et ainsi, le «je» tout entier demeure dans le TU. Il reste fixe, immobile. Il y a donc aussi une quiétude.

Voici ce que je veux dire: il ne doit pas y avoir de mouvement mental. C'est-à-dire que tu ne dois pas te préoccuper de *comprendre* ce que la phrase dit. Dans toute compréhension il y a un aller et un retour. Nous, maintenant, nous sommes en adoration. Il ne doit donc pas y avoir d'activité analytique.

Au contraire, l'esprit, mû par la phrase, s'élance vers un TU, tranquille et fixé, admirant, contemplant possessivement, amoureusement. Par exemple, si tu dis: «Tu es l'éternité immuable», tu ne dois pas essayer de comprendre ou d'analyser comment et pourquoi Dieu est éternel, mais bien le regarder et l'admirer figé comme éternel.

Après avoir fait silence dans tout ton être, rends présent par la foi celui en qui nous existons, nous nous mouvons et nous sommes.

Commence à prononcer les phrases à voix basse. Essaie de vivre ce que la phrase dit jusqu'à ce que ton âme demeure imprégnée de la substance de la phrase.

Après l'avoir prononcée, demeure en silence environ trente secondes ou plus, muet, calme, comme celui qui écoute une résonance, l'attention immobile, compénétrée possessivement, identifiée à la substance de la phrase, qui est Dieu même.

Dans cet exercice tu dois te laisser ravir par le TU. Le «je» disparaît pratiquement pendant que le TU domine toute la place.

Voici quelques expressions qui peuvent servir à cet exercice:

Tu es mon Dieu.
Depuis toujours et pour toujours tu es Dieu.
Tu es l'éternité immuable.
Tu es l'immensité infinie.
Tu es sans commencement ni fin.
Tu es si loin et si proche.
Tu es mon tout.
Ô profondeur de l'essence
et de la présence de mon Dieu.

Tu es mon repos complet.
Je ne sens la paix qu'en toi.
Tu es ma force.
Tu es ma sécurité.
Tu es ma patience.
Tu es mon allégresse.

Tu es ma vie éternelle,
grand et admirable Seigneur.

10. « À la place de » Jésus

Imagine Jésus en adoration, par exemple la nuit, sous les étoiles, au petit matin.

Avec une révérence infinie, dans la foi et la paix, pénètre à l'intime de Jésus. Essaie de te représenter et de revivre ce que Jésus vivait dans sa relation avec le Père, et ainsi participe à l'expérience profonde du Seigneur.

Essaie de te représenter et de revivre les sentiments d'admiration que Jésus avait envers son Père. Dis avec le cœur de Jésus, avec ses vibrations, par exemple: «Glorifie ton nom», «Que ton nom soit sanctifié».

Mets-toi à l'intérieur de Jésus, assume ses harmoniques et revis cette attitude d'offrande et de soumission que Jésus expérimentait devant la volonté du Père lorsqu'il disait: «Non pas ce que je veux, mais ce que tu veux... Que ta volonté soit faite.»

Que ressentirait-il en disant «comme toi et moi nous sommes un», en prononçant «Abba» (cher père!): essaie de l'expérimenter.

Mets-toi dans le cœur de Jésus pour prononcer la prière sacerdotale, le chapitre 17 de l'évangile selon saint Jean.

Tout ceci (et tant d'autres choses), fais-le «tien» dans la foi, dans l'esprit, afin de te revêtir de la disposition intérieure de Jésus. Et reviens à la vie, emportant en toi la vie profonde de Jésus.

Cette façon de prier n'est possible que dans l'Esprit Saint «qui enseigne toute la vérité».

11. Prière de contemplation

Pour saint Jean de la Croix, les signes selon lesquels l'âme est entrée dans la contemplation sont les suivants:

— L'âme aime être seule avec une attention amoureuse et soutenue en Dieu.

— Même si elle semble perdre son temps, l'âme est laissée tranquille et calme, attentive à Dieu, en paix intérieure, quiétude et repos.

— L'âme est laissée libre sans se préoccuper de penser ou de méditer; seulement une attention soutenue et amoureuse envers Dieu.

a) *Silence.* Faire le vide intérieur. Suspendre l'activité des sens. Apaiser les souvenirs. Laisser tomber les préoccupations.

S'isoler du monde extérieur et intérieur. Ne penser à rien. Mieux encore, ne rien penser.

Demeurer au-delà des sens et de l'action sans se fixer en quoi que ce soit, sans regarder quoi que ce soit ni au-dedans ni au-dehors.

Hors de moi, rien. En moi, rien.

Que reste-t-il? Une attention de moi-même à moi-même, dans le silence et la paix.

b) *Présence.* Ouvrir son attention à l'autre, dans la foi, comme celui qui regarde sans penser, comme celui qui aime et se sent aimé.

Éviter de «se représenter» Dieu. Toute image ou forme de Dieu doit disparaître. Il faut «faire taire» toute notion de localisation de Dieu. Le verbe qui correspond à Dieu est le verbe *être.* Il *est* la présence pure, aimante, englobante, compénétrante et omniprésente.

Seul reste un TU pour lequel je suis une attention ouverte, amoureuse et paisible.

Pratiquer l'exercice auditif jusqu'à ce que la parole «tombe» d'elle-même. Rester sans rien prononcer ni avec la bouche, ni avec l'esprit.

Regarder et se sentir regardé.
Aimer et se sentir aimé.
Je suis comme une plage. Il est comme la mer.
Je suis comme le champ. Il est comme le soleil.
Se laisser illuminer, inonder, AIMER.
SE LAISSER AIMER.

Formule pour l'exercice:

Tu me sondes.
Tu me connais.
Tu m'aimes.

12. Prier avec la nature

Si celui qui apprend est en plein air, devant un paysage magnifique, l'un des exercices d'oraison les plus beaux qu'il puisse faire est de prier avec toute la création.

Commence avec la lecture priée du psaume 104. Dans l'esprit de ce psaume, commence à contempler, à regarder, à admirer tout ce qui se présente à tes yeux.

Ému, continue d'admirer toutes et chacune des créatures qui défilent dans le psaume: nuages, vents, cimes enneigées, cascades, rivières, vallées, fontaines, oiseaux, nids, ruisseaux, vallées rafraîchissantes, plantes, papillons, fleurs, blé, olives, vignes, arbres séculaires, brins d'herbe minuscules, soleil, lune, lumière, ombre...

À chaque créature contemplée et admirée, dis : «Mon Dieu, que tu es grand» (v. 1).

Parfois tu répèteras le verset 24 : «Que tes œuvres sont immenses, mon Dieu. Tu les as faites avec sagesse. La terre est remplie de tes créatures».

Écouter, absorber et s'immerger dans l'harmonie de la création tout entière. Demeurer concentré et attentif à chacune des voix du monde : les mille insectes qui crient leur joie de vivre; les chants si variés des oiseaux; le murmure du vent ou de la rivière; grillons, grenouilles, coqs, chiens, tous les êtres vivants qui expriment leur vie, à leur façon, acclament et chantent leur action de grâce au Seigneur. En leur nom, et avec eux, dire : «Toutes les créatures du Seigneur, bénissez le Seigneur».

Provoquer en moi une sensation de fraternité universelle; sentir, en Dieu, que chaque créature est ma sœur; sentir que, en Dieu, je suis un avec tout ce que voient mes yeux; m'immerger vitalement dans la grande famille de la création, sentir que je participe joyeusement à la palpitation de toutes les créatures, sentant la joie de vivre que, sans qu'elles en aient conscience, elles expérimentent toutes, comme si je nageais dans la mer de la vie universelle et que je vibrais de la tendresse du monde.

Leur demander pardon pour l'asservissement que leur impose l'homme; pour tant de cruautés commises à leur endroit. Sentir et exprimer de la gratitude pour tant de bénéfices que les créatures apportent au bonheur des humains.

Établir un dialogue intime avec une créature concrète : une fleur, un arbre, une pierre, l'eau d'un ruisseau. Lui poser des questions au sujet de son origine, de son histoire, de sa santé, l'écoutant attentivement. Dans une communication intime, lui conter ma propre histoire. Admirer et rendre grâce pour son élégance, son parfum, sa contribution à l'harmonie du monde. Entrer en un rapport fraternel avec cette créature-là.

Durant cette longue *oraison avec la nature*, intercaler fréquemment les versets 1, 24, 31, 33 du psaume 104 (le tenant toujours ouvert dans ses mains), et aussi le psaume 8, surtout son premier refrain : «Seigneur, *notre Dieu, que ton nom est admirable sur toute la terre*».

13. Prière communautaire

Il y a *prière communautaire*, appelée aussi *partagée*, lorsqu'un groupe de personnes s'unissent pour prier : a) spontanément ; b) à voix haute ; c) les uns face aux autres ; d) non pas de façon simultanée, mais l'un après l'autre.

Pour que la prière communautaire (ou partagée) soit vraiment efficace et convaincante, les conditions qui suivent doivent être observées :

a. Il faut supposer que ceux qui pratiquent la prière communautaire ont cultivé antérieurement une relation personnelle avec le Seigneur.

S'il n'en est pas ainsi, la prière communautaire devient une activité artificielle et vide.

b. On doit éviter autant que possible le «verbiage», les phrases stéréotypées, formelles, dites par cœur.

Il faut au contraire prier de façon vraiment spontanée, de cœur à cœur, comme si à ce moment il n'y avait au monde que Lui et moi, avec beaucoup de naturel et d'intimité.

c. Pour cela, ceux qui prient doivent être convaincus et se rappeler qu'ils sont porteurs de grandes richesses intérieures, de plus de richesses qu'eux-mêmes imaginent, et que l'Esprit Saint habite en eux, qu'il s'exprime par leur bouche; pour cela, ils doivent parler avec beaucoup d'aisance et de liberté.

d. Il est à souhaiter qu'il n'existe pas entre ceux qui prient de court-circuit émotif. Car si, entre deux personnes ou groupes, il y a un fort désaccord, notoire et public, ce conflit bloque la spontanéité du groupe. Les murs qui séparent le frère de son frère séparent aussi le frère de Dieu.

e. Il est aussi indispensable qu'existe la sincérité ou la vérité; c'est-à-dire que celui qui prie, en s'exprimant à haute voix, ne soit pas motivé par des sentiments de vanité, comme de dire des choses originales ou brillantes. Il doit à tout moment rectifier son intention, et s'exprimer comme s'il était seul devant Dieu.

f. La condition essentielle est cependant que ce soit vraiment une prière *partagée* : lorsqu'un membre du groupe parle avec le Seigneur, je ne dois pas être seulement un auditeur ou un observateur, mais cela suppose que j'assume les paroles qui sortent de la bouche de mon frère, et que je me dirige vers mon Dieu par ces mêmes paroles. Et quand je parle à voix haute, cela suppose que mes frères prennent mes mots, et qu'ils se tournent vers Dieu avec ces mêmes mots. Ainsi, *tous prient avec tous* tout le temps.

Et voilà le secret de la grandeur et de la richesse de la prière communautaire : l'Esprit Saint se répand à travers des personnalités et des histoires variées et différentes; et pour cette raison la prière peut être très enrichissante.

14. Méditation communautaire

Une *méditation* est *communautaire* ou partagée lorsque se réunissent différentes personnes pour prendre la parole de Dieu ou un autre thème, et exprimer chacun spontanément devant les autres ce que cette parole ou ce thème lui suggère.

Pour que la méditation communautaire soit vraiment efficace et convaincante, il faut prendre en considération les conditions que nous avons signalées pour la prière communautaire, particulièrement les numéros 3, 4 et 5.

De plus, il convient de débuter par une invocation à l'Esprit Saint et une brève prière spontanée ou un psaume, pour se mettre dans l'ambiance.

Il convient aussi de commencer la méditation en lisant un passage de la Bible ou d'un autre livre, afin de circonscrire la matière qui sera méditée et jeter de la lumière sur le thème.

Il convient également que pendant la réflexion on fasse référence à la vie et qu'on trouve des critères ajustés à des applications pratiques, afin que ces critères puissent se transformer en décisions concrètes pour la vie fraternelle ou pastorale.

15. Variantes

a) *Prière communautaire basée sur des psaumes*

Il s'agit d'avoir devant les yeux un psaume déterminé; le groupe le prie d'abord en commun. Ensuite, en silence, chacun essaie de le prier en privé, peut-être avec la *lecture priée.*

Après quelques minutes, l'un des assistants prie à voix haute (tenant toujours en mains le psaume) faisant — sous forme de prière — une espèce de paraphrase ou de commentaire du verset qui l'a frappé davantage. Ensuite, un autre fait de même. Et ainsi de suite, tous ceux qui désirent intervenir. On termine par un chant.

b) *Méditation communautaire basée sur la Parole*

Il s'agit de quelque chose qui ressemble à ce qu'on vient de dire. Tous ont dans les mains la Bible ouverte à un chapitre déterminé, et une personne du groupe en lit un fragment. On garde silence un moment pendant que chacun médite pour soi, ayant toujours la Bible ouverte en mains.

Ensuite, quelqu'un fait un commentaire — sous forme de réflexion — du verset qui a le plus attiré son attention. Ensuite, un autre fait de même, et ainsi tous ceux qui le veulent. On termine par un chant.

16. Méditation

On suggère cette activité spirituelle aux personnes qui ont un esprit analytique et réflexif. Pour ce genre de personnes, la lecture méditée ne suffit pas. Ils peuvent et doivent avancer plus à fond.

D'autre part, il ne faut pas oublier que c'est dans la méditation que se forgent les grandes figures de Dieu.

Méditer est une activité mentale concentrée et ordonnée, et c'est pourquoi on prend un texte ou un thème, on le contemple dans son ensemble et dans ses détails; on l'analyse en ses causes et ses effets pour que, de cette façon, on puisse forger des critères de vie, des jugements de valeur, en un mot, une mentalité selon l'esprit de Dieu. Et sur ce chemin, les critères finissent par se transformer en convictions et en décisions. Et de cette façon l'on se convertit en *disciples du Seigneur.*

Préparer

— demander la lumière;

— choisir la matière à méditer;

— pour que l'esprit ne s'égare ni ne se disperse, il convient d'imaginer de façon graphique la scène: qui parle, comment ils se meuvent, leur apparence, et autres détails.

Pénétrer et ordonner

— distinguer les différents plans d'une scène; chercher la signification et le but de chaque parole et le contexte des mots, le climat de chaque scène et le contexte de la scène; s'arrêter sur la signification des verbes...

— déduire, expliquer, appliquer, combiner différentes idées, les opposer...

— chercher la logique interne de cause à effet, les principes et les conclusions, ce qu'est et ce que n'est pas chaque élément, distinguer entre les motifs et les intentions, l'action et la réaction, l'effort et le résultat...

Appliquer ou s'engager

— je dois *me mettre* moi-même dans la scène, comme si j'étais acteur et non observateur, comme si on me parlait et m'interpellait (les paroles du Christ à Zachée, à Pierre, au jeune homme riche, à l'aveugle du chemin... me sont adressées) et moi, de mon côté, je parle, j'interroge ces personnages de la scène...

— confronter ce que j'entends dans la scène avec mes problèmes d'aujourd'hui, avec ma situation actuelle, avec les événements de notre temps...

— terminer en priant.

IV. PROBLÈMES
DE PARDON

Nous sommes très peu souvent offensés; nous nous sentons souvent offensés.

Pardonner, c'est abandonner ou éliminer un sentiment défavorable contre son frère ou sa sœur.

Qui souffre, celui qui hait ou celui qui est haï? Celui qui est haï vit généralement heureux dans son monde. Celui qui cultive la rancœur ressemble à celui qui prend une braise ardente ou qui attise une flamme. Il semble que la flamme brûlerait l'ennemi; mais non, on se brûle soi-même. Le ressentiment ne détruit que celui qui le porte en lui.

L'amour-propre est aveugle et suicidaire: il préfère la satisfaction de la vengeance à l'allégement du pardon. Mais haïr est folie: c'est comme accumuler du venin dans ses entrailles. Celui qui a de la rancœur vit une agonie interminable.

Il n'y a pas au monde de fruit plus savoureux que la sensation de repos et d'allégement qu'on ressent en pardonnant, comme il n'y a pas de fatigue plus désagréable que celle que produit la rancœur. Il vaut la peine de pardonner, même si c'est pour son propre intérêt, parce qu'il n'y a pas de thérapie plus libératrice que le pardon.

Il n'est pas toujours nécessaire de demander le pardon ou de pardonner par des mots. Souvent une gentille remarque, un regard attentionné, une brève conversation, ou une présence plus significative suffisent.

Il arrive parfois ceci: quelqu'un pardonne et ressent le pardon; mais après un certain temps renaît l'aversion. Il ne faut pas en être surpris. Une blessure profonde nécessite plusieurs guérisons. Pardonne une autre fois, puis une autre, jusqu'à ce que la blessure soit complètement guérie.

Exercices de pardon

1. Dans la foi, mets-toi dans l'esprit de Jésus. Assume ses sentiments. Fais (mentalement) face à l'ennemi, le regardant avec les yeux de Jésus, ressentant avec les sentiments de Jésus, l'embrassant avec les bras de Jésus, comme si «tu étais» Jésus.

Concentré, en pleine intimité avec le Seigneur Jésus (mets l'«ennemi» dans un coin de ta mémoire), dis au Seigneur: «Jésus, entre en moi. Prends possession de mon être. Calme mes hostilités. Donne-moi ton cœur pauvre et humble. Je veux ressentir envers cet "ennemi" ce que tu ressens envers lui; ce que tu ressentais lorsque tu es mort pour lui. Tes sentiments fusionnés solidement aux miens, je pardonne (avec toi), j'aime, j'embrasse cette personne. Elle-toi-moi, une même chose. Moi-toi-elle, une même unité.»

Répète ces paroles ou d'autres semblables pendant environ trente minutes.

2. Si nous comprenions, il n'y aurait pas besoin de pardon. Amène à ta mémoire l'«ennemi» et applique-lui ces réflexions suivantes:

Hors certains cas exceptionnels, personne n'agit avec de mauvaises intentions. N'es-tu pas en train d'attribuer à cette personne des intentions perverses qu'elle n'a jamais eues? Enfin, qui est celui qui se trompe? S'il te fait souffrir, as-tu déjà pensé combien tu le fais souffrir? Comment sais-tu s'il a dit ce qu'on t'a rapporté qu'il avait dit? Qui sait s'il l'a dit sur un autre ton, dans un autre contexte?

Il semble orgueilleux; ce n'est pas de l'orgueil, c'est de la timidité. Il semble obstiné; ce n'est pas de l'obstination, c'est un mécanisme d'auto-affirmation. Sa conduite envers toi semble agressive; ce n'est pas de l'agressivité, c'est une auto-défense, un moyen de se sécuriser; il ne t'attaque pas, il se défend. Et tu supposes des perversités dans son cœur. Qui est injuste et dans l'erreur?

Bien sûr, il t'est insupportable; il est plus insupportable pour lui-même. Tu souffres, il est vrai, de son mode d'être; il en souffre plus encore. S'il y a quelqu'un au monde qui est intéressé à ne pas être ainsi, ce n'est pas toi: c'est lui-même. Il aimerait plaire à tous; il ne le peut pas. Il aimerait être charmant; il ne le peut pas. S'il avait choisi sa manière d'être, il serait la personne la plus agréable au monde. Est-ce raisonnable de s'irriter contre une manière d'être qu'il n'a pas choisie? Aurait-il autant de culpabilité que tu le supposes? En fin de compte, ne serais-tu pas, toi, avec tes suppositions et répulsions, plus injuste que lui?

Si nous savions comprendre, il n'y aurait pas de faute à pardonner.

3. Il s'agit d'un acte du domaine de l'esprit par lequel on délie l'attention portée à la personne avec laquelle on est brouillé. Il s'agit donc d'interrompre ce lien de l'attention (par lequel ton esprit était lié à cette personne) et de rester, toi, délié de lui et en paix.

Il ne faut donc pas expulser violemment de ton esprit cette personne, parce que de cette façon elle se fixera davantage. Il s'agit de suspendre pour un moment l'activité mentale, de faire un vide mental, et l'«ennemi» disparaît. Il reviendra. Suspends à nouveau l'activité mentale ou détourne ton attention vers autre chose.

Il y a quelques verbes populaires qui signifient ce pardon: *délier*: on lie, on délie l'attention. *Détacher*: s'attacher, se détacher. *Lâcher*: (le souvenir) t'attrape, lâche-le. *Laisser. Oublier.*

Comme on voit, il ne s'agit pas d'un pardon proprement dit, mais il produit des effets. Ça peut être le premier pas, surtout lorsque la blessure est récente.

V. COMMENT VIVRE UN DÉSERT

La seule façon de vivifier les choses de Dieu est de vivifier son propre cœur. Quand le cœur se peuple de Dieu, les choses de la vie se remplissent de l'enchantement de Dieu. Et le cœur se vivifie dans les *temps forts*. Ainsi firent les prophètes, les saints, et surtout, le Christ.

Par *temps fort* on entend ceci : réserver quelques parcelles de temps dans le courant de ses activités, par exemple trente minutes par jour, pour être avec le Seigneur; quelques heures chaque quinzaine, etc. *Temps forts* non seulement pour prier mais aussi pour récupérer l'équilibre émotionnel, l'unité intérieure, la sérénité et la paix; parce qu'autrement, les gens finissent pas se désintégrer dans la folie de la vie.

Celui qui veut prendre au sérieux la vie avec Dieu doit intégrer le système des *temps forts* dans l'organisation de ses activités. Si tu sauves des *temps forts*, les *temps forts* te sauveront. De quoi? Du vide de la vie et du désenchantement existentiel. Si tu te fâches sous prétexte que le temps manque, je te dirai que le temps est question de préférence; et les préférences dépendent des priorités. On a le temps pour ce qu'on aime.

Lorsqu'on donne au Seigneur un jour entier (au moins sept heures) dans le silence et la solitude, j'appelle ce jour un *désert*.

Pour faire un *désert* il convient, c'est presque essentiel, de sortir du lieu où l'on habite ou travaille, et de se retirer dans un lieu solitaire, comme à la campagne, dans les bois, sur une montagne ou dans une maison de retraite.

On peut aller au *désert* en petits groupes (de trois à cinq, par exemple) mais une fois rendus au lieu où l'on va passer la journée, il est indispensable que le groupe se disperse et que chaque personne demeure complètement seule. Elles peuvent se réunir à la fin pour un échange fraternel et pour prier ensemble.

Il convient que chaque personne apporte quelque chose à manger, sans oublier que le *désert* comporte aussi un certain caractère pénitentiel. Cependant, on ne doit pas s'abstenir de prendre du liquide afin d'éviter toute déshydratation.

En résumé : Le *désert* est un temps fort donné à Dieu dans le silence, la solitude et la pénitence.

Il convient d'avoir un ensemble de textes bibliques, des psaumes, des exercices de relaxation... tout ce que tu trouveras dans ce petit livre. N'oublie pas d'apporter un cahier pour noter tes impressions.

Orientation

1. Utilise cette orientation avec flexibilité parce que l'Esprit Saint peut avoir d'autres plans. Tu dois laisser une marge de spontanéité à la grâce. Par exemple, il te faut prendre très librement les indications de temps que je te donne pour chaque point.

2. Lorsque tu arrives au lieu où tu vas passer la journée, commence par une lecture priée de psaumes. Il s'agit de préparer et de mettre dans l'ambiance le niveau profond de la personne, le niveau de l'esprit. Environ soixante minutes.

3. Au cas où tu serais dans un état de dispersion, prépare ton niveau périphérique avec des exercices de relaxation, de concentration et de silence. Environ trente minutes.

Tout au long du jour tu peux répéter ces exercices; mais il faut dès le départ atteindre un état élémentaire de sérénité.

4. Dialogue personnel avec le Seigneur Dieu, pas nécessairement dialogue de paroles mais d'intériorité, parler avec Dieu, être avec lui, aimer et se sentir aimé... C'est le plus important du *désert.* Tu peux utiliser les moyens décrits plus haut. Environ soixante-quinze minutes.

5. Puisque c'est un jour intense d'activité cérébrale, il convient qu'il y ait quelques intervalles brefs de repos durant lesquels la seule chose qui importe soit de ne rien faire, de se reposer.

6. On ne peut vivre un *désert* sans qu'il y ait une *lecture méditée* prolongée, d'après le modèle indiqué dans le second moyen, utilisant les textes bibliques, confrontant ta vie personnelle et apostolique avec la parole de Dieu. Environ quatre-vingts minutes.

7. Un dialogue savoureux et prolongé avec Jésus Christ, avec lui expressément, ne doit jamais faire défaut. Lui parler comme un ami parle à son ami, faisant mentalement une marche avec lui sur les chemins de la vie pour

résoudre les difficultés. Environ cinquante minutes.

8. Un exercice intensif d'abandon: guérir à nouveau les blessures, accepter tant de choses repoussées, se pardonner et pardonner, consolider et raffermir la paix... Environ quarante minutes.

Aie présentes à l'esprit les orientations pratiques que je donne dans ce petit livre. Ne deviens pas euphorique dans les consolations, ni déprimé dans les sécheresses. Le critère le plus sûr de la présence divine est la paix. Si tu es en paix, même en pleine aridité, Dieu est avec toi. Et souviens-toi du nombre de *déserts* que Jésus a vécus.

Références bibliques pour le désert

Le désert est le pèlerinage du Peuple de Dieu à la recherche du visage du Seigneur.

Ancien Testament

Moïse rencontre Dieu dans le désert: Ex 3,1-15.

Dieu conduit le Peuple d'Israël à travers le désert: Ex 14-20; 24; Nb 9, 15-24.

Le visage du Seigneur conduit Moïse à travers le désert: Ex 33, 7-23.

Les étapes du désert: Nb 10-14; 16; 17; 20.

Le désert, lieu de la manifestation de Dieu: Ex 19.

Élie rencontre Dieu dans le désert: 1 R 19, 3-15.

Le désert, lieu de purification: Nb 20, 1-13.

Nouveau Testament

Jean, le plus grand des prophètes, dans le désert: Lc 1, 13-17; 3, 1-6; Mc 1, 1-8; Mt 3, 1-13.

Jésus, l'homme du désert.

Trente ans de silence et d'anonymat: Lc 3, 23.

Préparation immédiate de sa mission — conduit au désert: Lc 4, 1-13; Mt 4, 1-11; Mc 1, 12.

Jésus se retire dans la solitude totale pour être avec le Père: Lc 6, 12; Mt 14, 13; Mc 6, 46; Mt 14, 23; Jn 6, 15; Mc 7, 24; Lc 9, 10; Mc 1, 35; Mt 6, 6; Mc 14, 32; Mt 17, 1; Lc 9, 28; Mt 26, 26; Lc 22, 39; Mc 9, 2; Lc 3, 21; Lc 4, 1-13; Lc 9, 18; Lc 21, 37; Lc 4, 42; Lc 5, 1; Lc 11, 1.

Paul passe trois années au désert: Gal 1, 15-18.

Jean demeure solitaire dans l'exil de l'Asie mineure: Ap 1, 9s.

Textes bibliques pour temps forts

Psaumes: 16, 23, 25, 27, 31, 36, 40, 42, 51, 56, 61, 62, 63, 69, 71, 77, 84, 86, 88, 90, 91, 93, 96, 103, 104, 118, 119, 123, 126, 130, 131, 139, 143.

(Attention! J'utilise la numérotation de la Bible hébraïque qui est celle de toutes nos éditions modernes. Les livres de l'Office divin suivent la numérotation de la *Vulgate* qui, pour les psaumes indiqués, est inférieure d'une unité.)

Grandeur de Dieu: Is 2, 9-23; 40, 12-31; 41, 21-29; 44, 1-9.

Vocation prophétique: Jr 1, 4-11; Is 49, 1-7.

Vie apostolique: 1 Co 4, 9-14; 2 Co 4, 1-18; 2 Co 6, 3-11; 2 Co 11, 23-30.

Patience: Si 2, 1-7.

Tendresse de Dieu: Os 2, 16-25; Is 41, 8-20; Os 11, 1-6.

Foi irrésistible : Rm 8, 28-39.

Filiation divine : Rm 8, 15-22.

Courage et espérance : Jos 1; Is 43; Is 54; Is 60.

Christ, centre du monde : Col 1, 15-21; Ep 3, 14-21.

Textes historiques : Ac 14-28; 2 Tm; 1 M 2, 3, 4 et 5; 2 M 5, 6, 7 et 8.

Jésus, miséricordieux et sensible : Mt 9, 35; Mc 1, 41; Mt 14, 14; Lc 7, 13; Mc 2,1 7; Mt 11, 19; Mt 9, 9; Lc 15, 1s; Mt 9, 13; Lc 7, 36s; Jn 8, 1s.

Jésus, doux, patient et humble : Mc 3, 10; Lc 5, 1; Mt 5, 5; Mc 14, 56; Mt 27, 13; Lc 23, 8; Lc 23, 24; Mt 4, 1-11; 2 Co 10, 1; 1 P 2, 23.

Option de Jésus pour les pauvres : Mt 9, 36; Mc 6, 34; Lc 6, 20; Mt 11, 5; Lc 4, 18; Mt 25, 34s.

Jésus, sincère et vrai : Mt 5, 37; Mt 16, 21; Lc 13, 32; Jn 8, 40s; Jn 6, 66; Mt 7, 3; Lc 7, 39; Jn 8, 32; Jn 18, 37; 1 P 2, 22.

Aimer comme Jésus a aimé : Jn 13, 34; Mt 19, 14; Jn 11, 1s; Jn 15, 15; Jn 20, 17; Mc 10, 45; Mt 20, 28; Jn 15, 9; Jn 3, 16; Ga 2, 20.

TABLE DES MATIÈRES

POUR PRIER